Matthias Hilbert

Ostfriesische Pastoren
im Dritten Reich

– Zwischen Anpassung und Widerstand –

Zwölf Lebensbilder

Impressum

Ostfriesische Pastoren im Dritten Reich
– Zwischen Anpassung und Widerstand – Zwölf Lebensbilder
von Matthias Hilbert

Herausgeber: Hans-Jürgen Sträter, Adlerstein Verlag

Herstellung und Verlag: BoD - Books on Demand Norderstedt

Coverfoto: Kirche St. Johannis in Nieblum auf der Insel Föhr
(Rechtsinhaber nicht ermittelbar).

ISBN: 9783758308819
Zweite, verbesserte Auflage Februar 2024

Inhalt

Meiner Schwester Ruth gewidmet

Vorwort

Dieses Buch stellt zwölf Lebensbilder von prominenten ostfriesischen Pastoren vor mit besonderer Berücksichtigung ihres Verhaltens während der Nazidiktatur. Das heißt nicht, dass grundsätzlich alle von ihnen während des Dritten Reiches auch in Ostfriesland als Pastoren tätig gewesen sind. Doch auch diejenigen, bei denen dies nicht der Fall war, haben zumindest durch ihre Herkunft und teilweise auch ihr temporäres Wirken in diesem nordwestdeutschen Landstrich einen deutlichen ostfriesischen Hintergrund aufzuweisen.

Nicht wenige von ihnen standen – wie so viele andere Deutsche auch – im Januar 1933 der Machtergreifung Hitlers positiv, aufgeschlossen und erwartungsvoll gegenüber. Warum das so war, habe ich vor allem in dem Kapitel zu Gerrit Herlyn näher aufzuzeigen versucht. Dieser hatte sich – ohne je ein Parteimitglied der NSDAP gewesen zu sein – von Hitler (und seiner Außenpolitik!) lange Zeit blenden lassen und dann nach dem Krieg eine radikale politische Wende vollzogen. Andere, wie etwa Karl Immer, Heinrich Oltmann, Hermann Steen, Harmannus Obendiek oder Friedrich Middendorff, hatten schon früh eine kritische Stellung zum Nationalsozialismus und vor allem zu den mit den Nazis sympathisierenden „Deutschen Christen" eingenommen. Der Kampf gegen diese neue, mit nationalsozialistischer Ideologie durchtränkten „Glaubensbewegung" ließ sie im Kirchenkampf an vorderster Front der Bekennenden Kirche (BK) stehen. Manche von ihnen bezahlten ihre konsequente Haltung mit Verhören, Inhaftierungen und anderen Repressalien.

Man mag der Bekennenden Kirche vorwerfen, dass es ihr in erster Linie darum ging, die Kirche und den Glauben von staatlicher Nötigung und den Irrlehren der „Deutschen Christen" freizuhalten, sie jedoch zu staatlichem Unrechtsgeschehen, das sie nicht direkt betraf, eher geschwiegen habe. Aber als solche, die zu jener Zeit nicht unter den Umständen einer totalitären Diktatur und Propaganda haben leben müssen, sollten wir m. E. mit dem (Ver-)Urteilen vorsichtig und zurückhaltend sein. Wer vermag schon für sich zu sagen, wie er sich damals *selbst* wohl verhalten hätte? Und auch wenn sich die BK und ihre Mitglieder nicht als Oppositionsbewegung gegenüber dem Staat empfunden haben mögen (was auch ihrem Verständnis vom Verhältnis der Bürger zur Obrigkeit widersprochen hätte), so *galt* gleichwohl für das Naziregime „die BK als staatsfeindlich, gerade auch nach Beginn des Krieges, und wurde dementsprechend observiert und ggfs. behandelt" (Theodor Immer).* Jedenfalls ist dem von den BK-Angehörigen in der Nazizeit gezeigten Mut und ihrer Bereitschaft, um ihrer Glaubensüberzeugungen und -treue willen nachteilige und negative Folgen auf sich zu nehmen, unbedingt Respekt zu zollen. Auch wenn sie nicht – im politischen Sinne – als „Widerstandskämpfer" zu bezeichnen sind, so haben sie auf ihre Weise dem totalen Machtanspruch des Staates „widerstanden", indem sie nicht bereit waren, ihr Gewissen und ihren Glauben korrumpieren zu lassen.

Ein erschreckendes Beispiel für eine totale Anpassung an den Nazistaat und die Naziideologie, verbunden mit einem völlig verzerrten christlichen Glaubensverständnis, bietet der fanatische Auricher Pastor Heinrich Meyer. Als überaus beeindruckend sind hingegen der Glaubensmut und die politische Integrität der katholischen Geistlichen Hermann Lange und Heinrichs Schniers zu bezeichnen, von denen der eine durch Hitlers Schergen durch die Guillotine hingerichtet wurde und der andere im Konzentrationslager Dachau sein irdisches Lebensende fand.

Und so stellt das Buch mancherlei Formen menschlichen Versagens und (Ver-)Irrens, aber auch menschlicher Bewährung und Integrität in jener Zeit der Naziherrschaft vor. Lernen können wir Heutigen wohl aus beidem – im positiven wie im negativen Sinne. Zumal Menschen zu allen Zeiten (und auch in unterschiedlichen politischen und gesellschaftlichen Systemen) in Gefahr stehen, durch unkritisches, willfähriges Anpassen ihre Überzeugungen, ihr Gewissen und ihren Glauben zu verleugnen, um nicht anzuecken oder mögliche persönliche Nachteile in Kauf zu nehmen.

---

* Theodor Immer: Hermann Immer. Zwei Abschnitte seines Lebens. Nach den Akten dargestellt von Theodor Immer. Manuskript 1991, S. 23f

Hans Bruns – Lossage von den „Deutschen Christen" per Zeitungsannonce

Gemeindedienst in Hollen und anfängliche Fehleinschätzungen

„Meinen ersten Atemzug habe ich am 7. Oktober 1895 im Pfarrhaus unter dem alten, wuchtigen Wilhardikirchturm zu Stade getan. Ich bin also meinem Geburtsort nach Niedersachse, aber dem Blut nach gehöre ich zu den Ostfriesen. Beide Eltern stammten aus Ostfriesland; die Eltern meines Vaters waren Bauern, die der Mutter Müller. Im Laufe meines Lebens habe ich mich je länger, umso mehr als Ostfriese gefühlt. Auch bin ich zehn Jahre in Ostfriesland Pastor gewesen." So schreibt Hans Bruns in seiner Autobiografie „Ich habe das Staunen gelernt". Er war im letzten Jahrhundert einer der bekanntesten Pfarrer und Evangelisten in Deutschland. Seine Bibelübersetzung („Bruns-Bibel") wird bis heute nachgefragt(1).

Nach seiner ersten Pfarrstelle in Drochtersen im „Alten Land" war Bruns über zehn Jahre – von 1924 bis 1934 – in der ostfriesischen Gemeinde Hollen Pfarrer der dortigen evangelisch-lutherischen Kirche. Noch in seinem ersten Amtsjahr hatte er – gegen den Willen seines lutherischen Superintendenten – den mit ihm befreundeten reformierten Amtskollegen Heinrich Oltmann aus Loga zu einer mehrtägigen Evangelisation nach Hollen eingeladen. Diese Veranstaltung sollte sich als folgenreich erweisen, läutete sie doch den Beginn einer langanhaltenden „Erweckung" in Hollen und Umgebung ein.

In den Räumen der Schule trafen sich fortan Gemeindeglieder zu Bibelstunden und in Privathäusern zu Hausbibelkreisen bzw. Stubenversammlungen. Im Winter wurden verschiedentlich Bibelkurse für junge Menschen durchgeführt, bei denen man mehrere Tage lang zusammenkam. Auch förderte Bruns schon früh die Errichtung eines Kirchen- und Posaunenchors sowie eines „Jungmädchenvereins" und eines „Christlichen Vereins Junger Männer". Sogar ein Jugendheim wurde gebaut. In der 1996 herausgegebenen Festschrift zum 100-jährigen Kirchenjubiläum Hollen heißt es: „Die Zeit war reif zur Ernte. Alle Aktivität, alles Denken und Handeln, alles Beten, Hören und Singen richtete sich auf das große Ziel aus, das ‚Erweckung' hieß. (…) Wie eine Welle ging diese Erweckung durch unsere Gemeinde. Ganze Familien und Nachbarschaften fanden Zugang zum Glauben. Segensspuren dieser lebendigen, ‚revolutionären' Zeit sind in unserer Gemeinde noch heute vorhanden."

Wichtig war Bruns aber auch der persönliche Kontakt zu seinen Gemeindegliedern. Er war oftmals stundenlang unterwegs, um seine Hausbesuche zu machen. Er sah es als eine innere Pflicht an, nach Möglichkeit jedes Jahr wenigstens einmal in allen Häusern seiner rund 2000 Gemeindeglieder gewesen zu sein. So wusste er über deren Freuden, Sorgen und Nöte genau Bescheid. Dabei kam ihm zugute, dass er mit den Leuten plattdeutsch sprechen konnte. Das alles schuf Vertrauen, schuf Nähe. Der Pastor war einer von ihnen.

Hans Bruns war ein überaus aktiver, temperamentvoller und begeisterungsfähiger Mensch. Als 1933 die Nazis an die Macht kamen, „erlag er wie so viele andere zunächst der Faszination des Nationalsozialismus" (Paul Weßels).* Ein „Nazi" bzw. Parteimitglied war er jedoch nicht. Allerdings schloss er sich früh der mit den Nazis sympathisierenden „Glaubensbewegung Deutsche Christen" (DC) an. Er war der naiven und irrigen Meinung, „dass da Menschen waren, die versuchen wollten, auch jetzt das Evangelium ins Volk zu tragen". Sogar öffentlich trat Bruns für die DC auf. So am 29. Mai in Leer bei einer großen Kundgebung. Bereits wenige Monate später kam es dann aber bei ihm nach der Sportpalastkundgebung der Deutschen Christen am 13. November 1933 in Berlin zu einer konsequenten Kehrtwende. „Als im Dezember", so Bruns, „die berühmte Kundgebung im Sportpalast Berlin war, in der die Botschaft der Bibel verdreht, ja, geradezu verlästert wurde, bin ich mit einer öffentlichen Erklärung in der Zeitung ausgetreten.

Mit einigen meiner Pastorenfreunde, die zum Teil meinetwegen mitgegangen waren, erklärten wir in einem Eingesandt, dass wir wohl zunächst gemeint hätten, hier Ansatzpunkte zu haben, wo wir mithelfen könnten, das Reich Gottes auch im Dritten Reich zu bauen, dass wir aber nun öffentlich Protest einlegen müssten.

* Was die anfängliche recht unkritische Haltung mancher überzeugter Christen gegenüber Hitler und dem Nationalsozialismus betrifft, so sollte hierbei auch der zeitgeschichtliche Kontext beachtet werden. Siehe hierzu die einleitenden Ausführungen im Kapitel zu Gerrit Herlyn.

Darum könnten wir nicht anders, als aus der Bewegung auszuscheiden."

Wörtlich hieß es in der am 23.12.1933 im „Leeraner Anzeigenblatt" unter der Überschrift „Erklärung!" veröffentlichten Anzeige, die von den Pastoren Aden (Steenfelde), Bruns (Hollen) und Heinemeier (Firrel) unterzeichnet war, u.a.:

Da es nicht geraten ist, gegen das Gewissen zu handeln, sehen wir uns gezwungen, aus der Glaubensbewegung „Deutscher Christen" auszutreten. Die Sportpalastkundgebung in Berlin, in der trotz schärfster Angriffe gegen die Bibel und das Kreuz Jesu alle führenden Männer der „Deutschen Christen" geschwiegen haben, hat uns die Augen geöffnet. Wir haben seitdem das Vertrauen zur Reichsleitung der D.C. (Hossenfelder) völlig verloren. Durch sie sind Irrlehren in die Gemeinden getragen worden. (…) Im Dienst an unserer Kirche und dem unter seinem Führer geeinten Volke können wir uns nur an Christus und sein Wort gebunden wissen."

Gegen das berüchtigte Buch des NSDAP-Ideologen Alfred Rosenberg, „Der Mythus des 20. Jahrhunderts" verfasste Bruns 1934 eine Gegenschrift unter dem Titel: „„Rosenbergs Mythus des 20. Jahrhunderts'. Eine Einleitung in seine Gedankenwelt und erste Anleitung zu einer Auseinandersetzung mit ihm." Auf Veranlassung höherer Instanzen wurde diese Schrift später eingestampft und verboten.

Wenngleich sich Bruns von den „Deutschen Christen" gelöst hatte, so ist es bei ihm doch nicht dazu gekommen, dass er sich in der Folgezeit der Bekennenden Kirche angeschlossen hätte. Dass er aber (auch) Vorbehalte gegenüber dem Nationalsozialismus gehabt hat, das spürten wohl auch die Gemeindeglieder, wie folgender Vorfall zeigt, den Bruns so schildert: „Wie sehr die Männer in der Partei in der Gemeinde doch merkten, dass ihr Pastor nicht mitging, zeigt ein kleines Erlebnis. Der Mann, der in einer der Gemeinden die Führung der nationalsozialistischen Bewegung in die Hand nahm, wurde Vater von zwei Jungens. (…) Eines Tages erschien er mit dem ‚deutschen Gruß' im Pfarrhaus: ‚Herr Pastor, ich komme, um eine Bescheinigung von Ihnen zu fordern, dass der Nachbarpastor meine Kinder tauft. Sie werden verstehen, dass das nach Lage der

Dinge durch Sie nicht geschehen kann.' Ich war überrascht und ließ mir die Namen der Kinder nennen, damit ich sie in das Taufregister eintragen könnte. (...) Dann betete ich mit dem Mann, für ihn selbst, für seine Frau und seine Kinder. Er hat später, nach 1945, erzählt, wie unsicher und beschämt er damals aus dem Pfarrhaus fortgegangen sei."

Weitere Konflikte im Dritten Reich

Im Jahr 1934 verließ Hans Bruns seine geliebte Hollener Kirchengemeinde und folgte einem Ruf des Deutschen Gemeinschafts-Diakonieverbandes (DGD), für den er fortan als viel gefragter Evangelist und Freizeitleiter tätig war. Er zog zunächst nach Elbingerode, wo sich eines der Mutterhäuser des DGD befand. Nach seinen eigenen Worten fand er „eine nicht ganz leichte Lage vor; ähnlich wie ich im Jahre 1933 meinten viele, man müsse doch mitgehen und könne nur dann mithelfen. Wohl waren nur wenige in die Partei eingetreten, es gab auch eine ernste Gegenströmung im Werk, aber im allgemeinen stand man zum ‚Neuaufbruch‘ positiv aktiv. Dass Pfarrer Krawielitzki mich trotz meiner ihm bekannten Ablehnung der Partei berief, zeigt nicht nur die Großzügigkeit dieses Mannes, sondern vor allem sein eigentliches Wollen: Ihm lag daran, das Reich Gottes zu bauen, und er meinte damals noch, dass die Partei das nicht hindern würde. (...) Es war nicht ganz leicht, sich der Gesamtbegeisterung ganz zu entziehen und ‚gegen den Strom zu schwimmen‘. (...) Gemeinschaft in der Nachfolge Jesu blieb immer das Entscheidende und überwog alle noch so verschiedene Sicht im Blick auf das politische Geschehen."(2) Doch Bruns gesteht auch: „Natürlich war es auch da wieder so, dass ich zumal im Anfang des Krieges mit seinen Siegen manchmal gepackt und mitgerissen wurde; dennoch konnte ich immer weniger die Sorgen loswerden, die mir kamen, wenn ich an das eigentliche, vor allem innerliche Geschehen dachte."

In einem Brief, den Bruns im Juni 1937 an Theophil Krawielitzki, den Direktor des DGD, schrieb, gab er diesem zu bedenken: „Ich kann nur immer wieder darum bitten, dass unsere Haltung zum Staat allein aus Glauben herauskommt und nicht irgendwie aus einer großen Illusion. Ich fürchte, dass manche fast nur aus illusionären Gründen positiv zum Staat stehen. Das ist aber nicht biblisch, weil es nicht wahr ist. Es geschehen doch zu viele Dinge, die uns Not machen müssen und machen. Wir sollten nicht taktisch reden und handeln, sondern allein aus dem Glauben heraus. Das ist allein die rechte Haltung. (…) Ich meine, den mir aufgezeichneten Weg weitergehen zu müssen: zu warnen, dass wir nicht in eine falsche Begeisterung für Volk und Staat hineingeraten, sondern die biblische Haltung von Römer 13 einnehmen, wo nichts von einer freudigen Bejahung, sondern von einem Unterordnen die Rede ist."

1936 war Hans Bruns nach Marburg gezogen, wo der DGD seinen Hauptsitz hatte. Im Zweiten Weltkrieg wurde er in der Heimat an verschiedenen Orten als Ordonanz- oder auch als Betreuungsoffizier eingesetzt. Bei seinem Dienst in Frankfurt störte sich sein Vorgesetzter, der ein Gegner des Christentums war, sehr stark an Bruns' missionarischem Engagement. Nach einem Wortgefecht wurde dieser schließlich im April 1943 vorzeitig aus dem Wehrdienst entlassen. Später erhielt er sogar vom Landrat des Kreises Marburg ein Redeverbot. Auch im DGD mehrten sich die Stimmen gegen Bruns. Schließlich beurlaubte man ihn für eine Zeit lang zum Dienst im Ostfriesischen Verband für Gemeinschaftspflege und Evangelisation. Da ihm die Kanzlei der Deutschen Evangelischen Kirche Bescheinigungen über die Notwendigkeit seiner Reisen ausstellte, war es Bruns möglich, sogar im letzten Kriegsjahr noch manche Städte in Deutschland aufzusuchen, um dort in Kirchen vor mehreren hundert Besuchern oder auch nur in kleinen Kreisen das Evangelium zu verkündigen.

Nach dem Kriegsende konnte Bruns seine Tätigkeit beim Deutschen Gemeinschafts-Diakonieverband wieder aufnehmen. Auch arbeitete er aktiv mit in der interkonfessionellen Seelsorgebewegung „Marburger Kreis", den er gemeinsam mit Artur Richter 1957 gegründet hatte. Am 8. März 1971 ist Hans Bruns im Alter von 75 Jahren gestorben.*

* Weiteres zu Hans Bruns siehe auch: Matthias Hilbert, „Ostfrieslands leidenschaftliche Pastoren. Sieben Pastorenporträts". Adlerstein Verlag/BoD 2021. ISBN: 978-3750427747

Anmerkungen

(1) Dabei handelt es sich um eine moderne Bibelübertragung, die in allgemein verständlicher Umgangssprache verfasst ist und deren einzelne Textabschnitte mit kurzen erklärenden und kommentierenden Anmerkungen versehen sind.

(2) Am 4.3.1999 hat die erweiterte Mitgliederversammlung des Deutschen Gemeinschafts-Diakonieverbandes (Hauselterntagung) folgende Erklärung herausgegeben: „Betroffen stellen wir fest, dass die damalige Leitung des DGD, soweit wir das aus der Kenntnis der Unterlagen beurteilen können, die unheimliche Verführung des Dritten Reiches nicht durchschaute. Dies war auch bedingt durch den Versuch kirchenpolitischer Neutralität, durch eine weitgehend unkritische Einstellung gegenüber den neuen Machthabern und später durch die Sorge um den Fortbestand des Werkes. Es ist für uns nicht nachvollziehbar, dass die Leitung des DGD Hitler als Führer und Retter des Vaterlands angesehen hat. (...) Wir bedauern, dass fehlende Hörbereitschaft auf gewichtige Stimmen im deutschen Pietismus und mangelnde Korrekturbereitschaft den Austritt aus dem Gnadauer Verband (1935 – 1946) vorbereitet haben und dass warnende Stimmen aus den eigenen Reihen bei der Leitung wenig Gehör fanden."

Literatur- und Quellennachweis

Bruns, Hans: Ich habe das Staunen gelernt. Wuppertal/Gladbeck 1966

Bruns, Warner: Hans Bruns. In: Arno Pagel (Hg.): Sie wiesen auf Jesus. Marburg 1978, 136-143

Collmann, Georg: Die Kirchengemeinde Hollen und der junge Pastor Hans Bruns. In: Festschrift 100-jähriges Kirchenjubiläum Hollen (1896-1996)

Delbanco, Hillard: Kirchenkampf in Ostfriesland 1933-1945. Die evangelisch-lutherischen Kirchengemeinden in den Auseinandersetzungen mit den Deutschen Christen und dem Nationalsozialismus. 1989 (2. Aufl.)

„Der DGD in der NS-Zeit": https://www.dgd.org/uber-uns/der-dgd-in-der-ns-zeit/

Georgi, Curt: Hans Bruns – Sehr direkt. Ein Mann bleibt bei der Sache. Gießen 1974

Hilbert, Matthias: Ostfrieslands leidenschaftliche Pastoren. Sieben Pastorenporträts. Norderstedt 2021 (2., korr. u. ergänzte Auflage)

Hilbert, Matthias: Hans Bruns – Gottes Feuerhaken. In: Ostfriesland Magazin 12/2021, S. 100-105

Thorn, Hella: Bibel-Pionier und Evangelist. 50 Jahre Bruns-Bibel. In: Faszination Bibel 3/2013, 37f

Weßels, Paul: Hans Bruns. https://bibliothek.ostfriesischelandschaft.de/wp-content/uploads/sites/3/dateiarchiv/1840/Bruns-Hans.pdf sowie BLO IV. Aurich 2007, 76-78

Gerrit Herlyn – Licht und Schatten

Der am 20. Juli 1909 in Midlum (Rheiderland) als Sohn des reformierten Geistlichen Jakob Johannes Herlyn geborene Gerrit Herlyn ist ein in Ostfriesland und darüber hinaus überaus bekannter und populärer reformierter Pfarrer gewesen. Das lag nicht nur an seiner volkstümlichen und humorvollen Art, mit der er als Seelsorger und Verkündiger des Evangeliums viele Herzen erreichte, sondern das lag auch an seinem schriftstellerischen Schaffen. So war er von 1938 bis 1940 und von 1948 bis 1979 neben seinem Pfarrdienst Schriftleiter des Sonntagsblattes für evangelisch-reformierte Gemeinden gewesen. Er prägte die norddeutsche Kirchenzeitung so sehr, dass man gemeinhin vom „Herlynschen Sonntagsblatt" sprach. Auch veröffentlichte er Jahr für Jahr Beiträge für den deutschlandweit vertriebenen Neukirchener Kalender.

Bekannt geworden ist Gerrit Herlyn außerdem durch seine plattdeutschen Andachten, die in großer Zahl vom Norddeutschen Rundfunk ausgestrahlt wurden. Verdienste um die Pflege und Ausbreitung des ostfriesischen Platt erwarb er sich auch durch das von ihm gemeinsam mit Otto Buurman herausgebrachte vielbändige Hochdeutsch-plattdeutsche Wörterbuch. Erwähnenswert ist aber auch seine Übertragung des Neuen Testaments aus dem Griechischen ins Plattdeutsche. Auf Plattdeutsch (teils aber auch auf Hochdeutsch) sind ferner viele Erzählungen aus dem ostfriesischen Raum aus seiner Feder geflossen. Sie tragen oftmals einen geistlichen Hintergrund in sich.

Letzteres gilt auch, wenn Herlyn aus seinem eigenen Leben erzählt. So etwa, wenn er vom Schicksal seiner französischen Vorfahren berichtet und dabei gleichzeitig einen Bogen zu einer christlich-existenziellen Ausdeutung schlägt: „Meine Vorfahren väterlicherseits", lässt er in „Ostfriesland – Wo Himmel und Erde sich berühren" den Leser wissen, „waren Hugenotten, die um ihres Glaubens willen aus Frankreich flüchteten. Ein gleiches Schicksal widerfuhr meinen Ahnen mütterlicherseits, die aus denselben Gründen von Salzburg vertrieben wurden. Das bedeutet für mich nicht zufälliges Schicksal, sondern verpflichtendes Erbe. ‚Wir haben hier keine bleibende Stadt', so steht es in der Bibel und das gilt allen Menschen: Irdische Heimat ist keine bleibende Stadt. Aber eben darum muss der Mensch im Flugsand der Zeiten und der Vergänglichkeit irdischen Lebens ,etwas haben, an dem er hangen kann und das nicht von ihm abhängt', und ,der Glaube kann größer machen als alles, was in der Welt ist' (M. Claudius)."

Gerrit Herlyn hing sehr an seiner ostfriesischen Heimat. „Ik wüß good", so war er sich sicher, „wat ik dorför betahlen sull, Ofbescheed nehmen van de Heimat. Ik bün alltied heimwehachtig west un hebb dat neet verloren." Und an anderer Stelle meinte er: „Dat ik in Ostfreesland bleven un neet binnenlands gahn bün, dat kummt bi mi neet darvan, dat ik wor anners mien Brood neet ok verdenen kunnt harr un ok neet darvan, omdat ik dat platte Land so völ mojer finn as de Bargen, man dat liggt an de Mensken, de ik better verstah as annern un di mi verstahn. Un dat liggt weer daran, dat wi desülvige Tung hebben. Ik mutt neet dreemal nafragen, wenn mi een wat vertellt, un ik mutt hum dat ok neet wiedlopig verklaren, wat ik hum seggen will."*

Gerrit Herlyn hatte an verschiedenen in- und ausländischen Hochschulen Theologie studiert. 1937 wurde ihm schließlich die Pastorenstelle in der Gemeinde Ihrenerfeld (Westoverledingen) übertragen. Nach Ausbruch des Zweiten Weltkrieges wird er dann im Mai 1940 einberufen. Er nimmt am Russland-Feldzug als Funker in einem Armee-Nachrichten-Regiment teil. Am letzten Tag vor der Kapitulation gerät er in russische Kriegsgefangenschaft.

In einem vergitterten Güterwagen wird er in ein Lager in Tumalaika, 400 km südlich von Moskau, gebracht. Während eines Arbeitseinsatzes zieht er sich einen mehrfachen Beckenbruch zu. Doch kann er bereits 1946 in die Heimat zurückkehren und seinen Pastorendienst in Ihrenerfeld wieder aufnehmen.

---

* „Ich weiß wohl, was ich dafür bezahlen müsste, wenn ich Abschied nähme von der Heimat. Ich habe immer Sehnsucht nach der Heimat gehabt und habe das nie verloren." – „Dass ich in Ostfriesland geblieben und nicht ,außer Landes' gegangen bin, das kommt bei mir nicht davon, dass ich woanders nicht auch mein Brot hätte verdienen können. Und es rührt auch nicht daher, weil ich das flache Land so viel schöner finden würde als die Berge, nein, das liegt an den Menschen, die ich hier besser verstehe und die auch mich verstehen. Und das liegt eben auch daran, dass wir dieselbe Sprache haben. Ich muss nicht drei Mal nachfragen, wenn mir etwas erzählt wird, und ich selbst muss auch nicht einem etwas umständlich erklären, was ich ihm mitteilen will."

Von 1952 bis 1976 war er dann Pastor in Leer, wo er am 4. Oktober 1992 auch verstorben ist.

Gerrit Herlyn ist ohne Zweifel einer der profiliertesten und populärsten ostfriesischen Pfarrer gewesen. Mancherlei Ämter sind dem Unermüdlichen in seinem Leben übertragen worden und zahlreiche Auszeichnungen wurden ihm zuteil. Er war nicht nur Mitglied des Landeskirchenvorstandes der Evangelisch-reformierten Kirche in Nordwestdeutschland, sondern auch Synoden- und Präsidiumsmitglied der Evangelischen Kirche in Deutschland. Von 1959 bis 1971 leitete er das Diakonische Werk der Evangelisch-reformierten Kirche. Er wurde mit dem Kronenkreuz in Gold des Diakonischen Werks der Evangelischen Kirche in Deutschland ausgezeichnet. Sogar das Bundesverdienstkreuz wurde ihm zuerkannt. 1986 ehrte ihn die Ostfriesische Landschaft mit der Ubbo-Emmius-Medaille, der höchsten Auszeichnung, die diese Körperschaft zu vergeben hat. Herlyns Sohn Wilmjakob beschrieb seinen Vater im „Ostfriesland Magazin" als einen „Menschenfreund", der „für alle da war, die Trost und Rat suchten" und der sich „zu den Schwachen und Bedürftigen hingezogen" gefühlt habe.(1)

Doch das positive und makellose Bild Gerrit Herlyns hat durch eine 2015 erschienene Veröffentlichung von Jürgen Sternsdorff Risse bekommen. In seiner Monografie „Gerrit Herlyn zwischen Kreuz und Hakenkreuz" (Verlag Vertaal und Verlaat Marburg) untersucht der Autor anhand von zeitgeschichtlichen Quellen und bislang unveröffentlichten biografischen Dokumenten das Verhalten Herlyns während des Dritten Reiches.

Bevor der Frage nachzugehen ist, wie im Einzelnen Herlyns Verhältnis zum Nationalsozialismus bzw. zu Adolf Hitler sich manifestiert hat und wie es in der Rückschau zu bewerten ist, so muss zunächst auf den zeitgeschichtlichen Kontext seiner biografisch-politischen Entwicklung vor Beginn der Naziherrschaft 1933 hingewiesen werden. Gerrit Herlyn kam aus einem bürgerlichen Elternhaus. Sein Vater war ebenfalls Pfarrer gewesen. Und wie so viele Menschen (besonders aus dem Bürgertum), die im Kaiserreich großgeworden waren, so waren auch die Herlyns Anhänger der Hohenzollern. Diese Anhänglichkeit zum Kaiser(tum) hörte bei nicht wenigen Deutschen auch nach der Katastrophe des Ersten

Weltkriegs, der Abdankung Wilhelms II. und der Errichtung der Weimarer Republik nicht auf. Ihnen blieb die neue demokratisch-republikanische Staatsform fremd und suspekt, und das Gezänke der Parteien im Reichstag stieß sie ab. Die häufig wechselnden Regierungen der Weimarer Republik erschienen ihnen zudem als unfähig zur Lösung der besorgniserregenden Wirtschaftskrise und Massenarbeitslosigkeit. Auch hegten viele Menschen diverse Vorurteile und Stereotypen über die Juden und beklagten ihren Einfluss auf Presse, Kultur und Börse. Die Bedingungen des Versailler Vertrages wurden als ungerecht angesehen und man hoffte auf eine Revision und damit auch auf eine Wiedererstehung Deutschlands in seinen alten Grenzen. Volk und Vaterland waren Ideale, für die man nach wie vor bereit war, das Leben hinzugeben. Auf die Diktatur der Bolschewisten in Russland mit ihren Terror-maßnahmen und der Verfolgung von Christen sah man mit Angst und Entsetzen. Manche befürchteten, dass Ähnliches auch Deutschland drohen könnte.

So in etwa stellte sich der politische Background dar, in dem Gerrit Herlyn aufwuchs. Er wurde von ihm als ein Kind seiner Zeit übernommen und nicht weiter hinterfragt. Daraus ist ihm nicht unbedingt ein Vorwurf zu machen. Allerdings führten dieser Hintergrund und die mit ihm verbundene Grundstimmung bei vielen Bürgern aus dem nationalkonservativen Lager, und damit auch bei Herlyn selbst, zu gewissen Schnittmengen mit dem Nationalsozialismus, dessen Ideologie man eigentlich ablehnte. Doch zumindest die außenpoli-tischen Ziele der Nazis entsprachen durchaus auch eigenen Wünschen. Dabei sah man über so manche fragwürdigen innen-politischen Maßnahmen gerne hinweg. Überhaupt unterschieden nicht wenige Bürger lange Zeit zwischen dem Auftreten der Nazis und der Person Adolf Hitlers, zumal der doch unmittelbar nach der Machtergreifung das Christentum zur „Basis unserer gesamten Moral" erklärt und – wie der Reformierte Bund im April 1933 freudig feststellte – „der Kirche für ihre Arbeit und ihren Dienst an unserem Volk volle Freiheit gewährleistet" hatte. Und der überhaupt gottes-fürchtig zu sein schien, sprach er doch gerne von der „Vorsehung Gottes" in seinem Leben. Und überdies: Hatte man nicht – nach Römer 13,1 – sowieso „der Obrigkeit untertan" zu sein?

Und so empfand auch der junge Gerrit Herlyn durchaus Sympathien für Hitler. Während eines Studienaufenthaltes 1933 an der Universität Kampen in den Niederlanden hängt er demonstrativ einen Fahrradwimpel mit der Hakenkreuzfahne an sein Fenster und verärgert mit diesem Bekenntnis zu Hitler-Deutschland die Holländer. Und auch dass er in zwei Fällen (1937 und 1943) seine Schreiben an das ev.-ref. Kirchenamt mit „deutschem Gruß" bzw. einem „Heil Hitler" unterzeichnet, kann in gewisser Weise als ein Bekenntnis zum „Führer" angesehen werden. Waren diese einander gleichbedeutenden Grüße doch – wie Sternsdorff minuziös nachweist – im kirchlichen Schriftverkehr eigentlich unüblich. Dass diese Vorkommnisse nicht lediglich Petitessen darstellen, sondern eine gewisse Grundhaltung ausdrücken, macht nicht zuletzt Herlyns Jahresrückblick-Beitrag vom 30.12.1939 im Sonntagsblatt für evangelisch-reformierte Gemeinden deutlich. In ihm heißt es:

„Am Anfang des Jahres 1939 haben wir uns wohl gefragt: was mag das neue Jahr uns bringen? (…) Wenn wir an unser deutsches Volk denken, dann hat es uns viel und Großes gebracht (…): Böhmen und Memelland sind wieder in das Reich zurückgekehrt! Die Slowakei stellt sich unter den Schutz Deutschlands! Der Krieg gegen Polen wurde in wenigen Wochen gewonnen, eine glänzende Waffentat, die ihresgleichen sucht!"

Und zum gescheiterten Attentat auf Hitler in München im selben Jahr wird ausgeführt:

„Wir denken auch an die Bewahrung unseres Führers, auf dessen Leben ein verbrecherischer Anschlag geplant war, der uns alle mit Abscheu und Empörung erfüllt. Die Tagespresse hat immer wieder darauf hingewiesen, dass hier die Vorsehung des Himmels selber eingegriffen habe."

Bereits im März 1933, also kurz nach der Machtergreifung Hitlers, hatte Herlyn in dem christlichen Tagesblatt „Aufwärts" über den neuen Reichskanzler gemutmaßt: „Vielleicht hat die ganze Welt ihm einmal die Befreiung von der bolschewistischen Gefahr zu danken."

Bei all dem war Herlyn aber kein Anhänger (und erst recht kein Mitglied) der NSDAP. (Sternsdorff: „Herlyns Sympathie für die Nazis in politisch-staatlicher Hinsicht steht die Antipathie gegen sie in weltanschaulich-religiöser Hinsicht und seine Entschlossenheit gegenüber, Kirche frei von staatlicher Politik bzw. Einmischung zu halten.") Und so stand er auch von Anfang an der „Bekennenden Kirche" nahe, deren Vertreter sich vehement gegen eine ideologische Beeinflussung durch die „Deutschen Christen" und einen staatlichen Zugriff auf Kirche und Bekenntnis wehrten. Als 1934 unter der entscheidenden Mitwirkung von Karl Barth die Bekennende Kirche in der Barmen-Gemarker Gemeinde des Pfarrers Karl Immer, einem Onkel von Gerrit Herlyn, die berühmt gewordene „Barmer Erklärung" verfasste, war dieser gerade Kandidat der Theologischen Schule Elberfeld. Es war für den Neffen von Karl Immer eine Selbstverständlichkeit, sich quasi assistierend an jenem Unternehmen der Barmer Bekenntnissynode zu beteiligen, indem er – nach eigener Aussage – „manche Dienste und Botengänge" für sie verrichtete. Allerdings trat Herlyn in der Folgezeit nie an exponierter Stelle innerhalb der Bekennenden Kirche auf.

Im Mai 1940 wird Herlyn einberufen. Er nimmt am Russland-Feldzug als Funker in einem Armee-Nachrichten-Regiment teil. Nach Kriegsende 1945 ist er noch ein Jahr in russischer Kriegsgefangenschaft. Danach kehrt er als Pastor in seine Gemeinde in Ihrenerfeld zurück (siehe oben). Auch den Schriftleiter-Posten des Sonntagsblattes für evangelisch-reformierte Gemeinden, der ihm 1938 übertragen worden war, nimmt er wieder auf. In einem Beitrag zum Jahreswechsel 1946/47 bekennt er: „Man kann's ja mit Händen greifen, was die Übertretung etwa des Gebotes ‚Du sollst nicht töten' für eine Not über uns gebracht hat. Gewiss, die Kirche hat ein Schuldbekenntnis gesprochen – aber wer macht es sich zu eigen und betet und bekennt mit: m e i n e Schuld, meine übergroße Schuld." Und im Mai 1947 stellt er im gleichen Blatt fest: „Wir haben immer wieder nicht auf Jesus Christus und sein Wort gehört, sondern auf Menschenmeinungen. Wir haben uns nicht nach der Wahrheit gerichtet, sondern lieber Propaganda getrieben! Wir haben nicht nach der Wahrheit gefragt, sondern lieber nach dem Broterwerb geschielt und an unsere Existenz gedacht. Wir haben geschwiegen, wo wir hätten reden müssen, wir haben gehandelt, wo wir hätten um Gottes willen ungehorsam sein müssen, (...)" Im „Sonntagsblatt" 45/1978 schließlich gesteht Herlyn in seinem Beitrag „Reichskristallnacht 1938", dass er zu jener Reichspogromnacht geschwiegen und dabei zu denen gehört habe, „die besser wussten und besser wissen mussten, die dabeistanden und wegschauten und schwiegen".

Und Herlyn hatte offensichtlich Lehren gezogen aus seiner früheren Sympathie mit Hitlers Außen- und Kriegspolitik: Er wirkte nach dem Krieg in den „Kirchlichen Bruderschaften" mit, die sich gegen die Atom- und Wiederbewaffnung aussprachen und die Wehrdienstverweigerung unterstützten. Weil ihm „Versöhnung" ein zentrales Anliegen war, setzte er sich später auch für die Ostpolitik Willy Brandts ein.

Trotz alledem geht Sternsdorff in seiner Untersuchung mit Herlyn scharf ins Gericht, indem er konstatiert: „So wertvoll sein Wirken nach 1945 war und bleibt, er vermied alles, was seinen Weg als Weg der persönlichen Umkehr erkennen ließ. Die zeitgeschichtlich gegebene Alternative war für ihn wie für die Kirche im Dritten Reich die Fundamental-Entscheidung: Christus *oder* Hitler, Kreuz *oder* Hakenkreuz. Auch er machte sich vor, dass er doch *beides* haben konnte und verfehlte den Kreuz-Weg, blieb *zwischen* Kreuz und Hakenkreuz hängen." Und er beklagt: „Herlyn hätte seinen Nachkommen und uns Nachlebenden noch so unendlich mehr helfen können, wenn er die Stärke gehabt hätte zu einem Bekenntnis als früherer Hitlerist und journalistischer Unterstützer des deutschen Vernichtungskrieges und der deutschen Katastrophe, konkret und individuell, und so sein zweites mit seinem ersten Leben selbst verknüpft hätte."

Wahr ist, dass Herlyn lange Zeit die Dämonie Hitlers und seine propagandistischen Lügen- und Ablenkungsmanöver nicht durchschaut hat. Er hat sich blenden lassen und sich in so mancher Beurteilung verhängnisvoll geirrt. Er hat sich in jener Zeit an verschiedenen Stellen bewährt, in anderen Fällen hat er gefehlt und versagt. Doch er hat auch Schuld und Versagen bekannt und Veränderungen in seinem Leben zugelassen. Sicherlich wäre eine deutlichere Konkretisierung seiner Fehlwege hilfreich und wünschenswert gewesen. Fürchtete er hier womöglich um seine Reputation? Hinderten ihn eventuell auch Schamgefühle und Verdrängungsmechanismen an einer ungeschminkten Aufarbeitung?(2)

Als Herlyn 1976 in Leer in den Ruhestand verabschiedet wurde, da kennzeichnete ihn der damalige Kirchenälteste unter anderem als „Gemeindepastor, Seelsorger, Prediger, Freund und Helfer der Notleidenden und Hilfsbedürftigen, als Mann der Diakonie, als Wegbereiter der Ökumene (…) und besonders als Förderer des Plattdeutschen". Diese positive Beschreibung Herlyns, sie gilt trotz seiner nun bekanntgewordenen Irrwege im Dritten Reich gleichwohl immer noch.*

* Weiteres zu Gerrit Herlyn siehe auch: Matthias Hilbert, „Ostfrieslands leidenschaftliche Pastoren. Sieben Pastorenporträts". Adlerstein Verlag/BoD 2021. ISBN: 978-3750427747

Anmerkungen

(1) Das kommt auch in folgender Passage aus einem Beitrag, den Wilmjakob Herlyn für die Herlynsche Familienchronik verfasst hat, deutlich zum Ausdruck. In ihm heißt es u. a.: „Wann immer möglich, macht (mein Vater) Besuche in den Altenheimen und Krankenhäusern in und um Leer. Oft zitiert er die Textstelle aus der Bibel, in der Jesus sagte: *Was ihr den Ärmsten und Schwächsten unter meinen Brüdern getan, das habt ihr mir getan."* – Meine Eltern lassen öfters ‚Fahrensleute' ins Pfarrhaus herein, verschaffen ihnen kleine Jobs, geben ihnen zu essen und zu trinken oder auch etwas Geld. Wenn die ganz kalte Jahreszeit beginnt, kommt regelmäßig ‚Onkel Oskar', der bei uns den Winter über wohnt. (…) Unser Pfarrhaus ist im wahrsten Sinn des Wortes ein Haus der offenen Tür. Viele können sich noch gut daran erinnern, dass der Schlüssel in der Ulrichstraße nicht innen – wie sonst üblich –, sondern außen im Schloss steckte. Dadurch kommt es häufiger vor, dass ‚wildfremde' Menschen im Hausflur stehen und keine Seele antreffen: ‚Pestoors' haben gerade was zu erledigen und sind nicht zuhause, kurz einkaufen, bei Nachbarn oder im Garten."

(2) In einer Mail vom 19.12.2020 teilte Wilmjakob Herlyn dem Autor mit, dass seinem Vater „für die Verarbeitung der Kriegserlebnisse und seiner eigenen Einstellung zu Hitler das ‚Stuttgarter Schuldbekenntnis' sehr wichtig" gewesen sei. Weiter schreibt er: „Die Frage der persönlichen Schuld hat ihn sein ganzes Leben umgetrieben und war immer wieder Teil seiner Predigten und seiner seelsorgerischen Arbeit in den Kranken-häusern und Altenheimen vor Ort, aber auch in der Diakonie, für die er lange Zeit an führender Stelle gearbeitet hat." Gleichwohl hat auch Wilmjakob Herlyn es sehr bedauert, dass sein Vater nicht die Kraft, den

Mut und die Stärke gehabt habe, seine Irrungen und Fehleinschätzungen während der Nazizeit konkret zu benennen und darüber zu berichten.

Literatur- und Quellennachweis:

Christophers, Ewald: „Van Lüttje Millm na Groothusen". Ein persönlicher Nachruf auf Pastor i. R. Gerrit Herlyn. In: Ostfriesland Magazin 11/1992, S. 9

Diekhoff, Johannes: Denken und Dank an Gerrit Herlyn (1909-1992) aus Anlass seines 100. Geburtstages. In: OZ-Beilage Unser Ostfriesland 2009, Nr. 20

Eberlei, Walter: Barmer Synode 1934: Als der Kampf gegen die Nazis begann...; sowie EZ-Gespräch mit Pastor Gerrit Herlyn: Ein Augenzeuge erinnert sich. In: Emder Zeitung – Wochenmagazin vom 2.6.1984, S. 6

Herlyn, Gerrit: Hinter Gottes Angesicht? Erfahrungen mit Gott in Russland, Weener 1986 (5. Aufl.)

Herlyn, Gerrit: Pestorenbuutjes. Gerrit Herlyn vertellt ut sein Kinnertied, Weener 1988 (2. Aufl.)

Herlyn, Gerrit: Unnerwegens van Lüttje Millm na Groothusen, Weener 1978

Herlyn, Gerrit: Ostfriesland - Wo Himmel und Erde sich berühren, Weener 1989

Herlyn, Gerrit: Die Schuld einer Generation. In: Sonntagsblatt für evangelisch-reformierte Gemeinden, Nr. 33 (13.8.1978)

Herlyn, Gerrit: Kristallnacht 1938. In: Sonntagsblatt für evangelisch-reformierte Gemeinden, Nr. 45 (5.11.1978)

Herlyn, Gerrit: Zum Gedenken an Karl Immer. In: Sonntagsblatt für evangelisch-reformierte Gemeinden, Nr. 9/1984, 10/1984 u. 11/1984)

Herlyn, Wilmjakob: Der Menschenfreund. In: Ostfriesland Magazin 1/2010, S. 58f

Herlyn, Wilmjakob: Gerrit Johannes Herlyn (1909-1992) und Maria Roswitha Elisabeth Gies (1916-1984). In: Folkert J. Herlyn (Hg.): Geschichten und Geschichte der Familie Herlyn mit Beiträgen von Familienmitgliedern. 2016, S. 104-110

Hilbert, Matthias: Gerrit Herlyn im Dritten Reich. In: Unser Ostfriesland Nr. 20/2015 (Beilage OZ)

Hilbert, Matthias: Gerrit Herlyn – Plattdeutscher Prediger und Bibelübersetzer. In: Ostfreesland. Kalender für Ostfriesland 2017, S. 168-172

Kaufhold, Josef: „Even anduken". Pastor Herlyn zum 80. Geburtstag. In: Ostfriesland Journal, 8/1989, S. 60f

Sternsdorff, Jürgen: Gerrit Herlyn zwischen Kreuz und Hakenkreuz, Marburg 2015

Wübbema, Wilhelm: Herlyn, Gerrit Johannes. In: Biographisches Lexikon für Ostfriesland (hrsg. von Martin Tielke), Aurich 1997

Hermann Immer – Ein Pastor,
der viel Mitmenschlichkeit zeigte

„Er hatte was vom Barmherzigen Samariter"

Es ist der 9. November 1938, der Tag der berüchtigten „Reichspo-gromnacht". Wie in den meisten Städten in Deutschland, so werden auch in Emden in der Nacht die Synagoge in Brand gesteckt und jüdische Geschäfte verwüstet. Gleichzeitig werden in der ostfriesi-schen Hafenstadt die jüdischen Mitbürger aus ihren Häusern geholt und in eine Turnhalle getrieben. Zwar dürfen am nächsten Tag die Frauen und Kinder wieder in ihre Häuser zurückkehren, die Männer aber werden mit dem Zug in das KZ Sachsenhausen-Oranienburg deportiert. Zwei Tage nach der Brandnacht, am 11. November 1938, sieht man wie so häufig einen stattlichen Mann mit Holzbein auf seinem Fahrrad durch die belebte Geschäftsstraße „Zwischen Beiden Sielen" fahren. Plötzlich hält der Mann an, schwingt sich erstaunlich behende vom Rad und wendet sich einer sichtlich verstörten jüdischen Frau namens Fanny Fisser aus der Larrelter Straße zu. Möglicherweise ist sie dem Fahrradfahrer persönlich bekannt, vielleicht ist der aber auch nur auf die Frau aufmerksam geworden, weil sie ihm so überaus traurig, erschöpft und verzweifelt erscheint. Der Mann – es handelt sich um den in Emden jedermann bekannten reformierten Pastor Hermann Immer – nimmt die Unglückliche in den Arm und lässt sich von ihr berichten, was mit ihr los ist. Hemmungslos weinend teilt diese dem Geistlichen mit, dass die jüdischen Männer weggebracht worden seien und keiner der Frauen wisse, wohin man sie gebracht habe und ob man sie jemals wiedersehen würde. Hermann Immer tröstet daraufhin Fanny Fisser so gut er kann. Es ist eine schlichte, ergreifende mitmenschliche Reaktion, die hier jemand gegenüber einer jüdischen Frau öffentlich zu zeigen wagt und die irgendwie typisch für diesen kriegsver-sehrten Gottesmann ist.(1)

Typisch für Hermann Immer sind aber auch die folgenden Erinne-rungen, die Emder Bürger Jahrzehnte nach seinem Tod in der EZ-Serie „Emder erzählen" wiederzugeben wussten. (Ein Zeichen dafür, wie lange noch Immer im kollektiven Gedächtnis der Emder präsent war.) So berichtete der ehemalige Dreher Diedrich Engelberts, der noch von Immer konfirmiert worden war, in der Emder Zeitung vom

25. Mai 1996: „Pastor Immer war unheimlich beliebt. Er war einfach ein Super-Pastor. Und bis zu seinem Tode einfach das A und O eines Pastors. Er fuhr grundsätzlich ein Damenfahrrad, denn er hatte ein Holzbein. (…) Er hatte seit dem Ersten Weltkrieg eine Beinverletzung und muss wohl ziemlich unter den Schmerzen gelitten haben. (…) Pastor Immer machte auch Hausbesuche. Da kann ich mich an ein Ereignis besonders erinnern: Meine Groß-mutter Künna (…) war im Jahre 1933 als Witwe zu uns an die Neue Seeschleuse gezogen. Oma Künna wohnte oben, und als der Pastor kam, wiesen meine Eltern ihn zu ihr hoch. (…) Pastor Immer kam mit seinem Holzbein die Treppe hochgehumpelt. Oma (…) freute sich und in gemütlicher Atmosphäre gab es dann auch ein Koppke Tee. Und wie es dann meistens so ist, wenn ein Pastor im Hause ist, ging es dann ins Christliche über. Wir sangen aus Leibeskräften Lieder wie ‚Lobet den Herrn' oder ähnliches."

Etwa anderthalb Jahre später erinnerte sich die 90-jährige Johanne Fricken – sie war lange Zeit immer wieder einmal im Immer-Haushalt als Näherin beschäftigt gewesen – in der gleichen EZ-Serie: „Pastor Immer war in Emden außerordentlich beliebt. Er hat sich sehr für die einfachen Leute eingesetzt. Wenn ich in der Familie nähte, war es ganz selbstverständlich, dass ich auch mit an den Mittagstisch durfte. Und als wir dort zum Essen saßen, rief Pastor Immer von draußen alle möglichen Leute herein, damit sie sich zu uns gesellten. Er war sehr großzügig und teilte alles, was er hatte. (…) Die Frau von Pastor Immer war eine Schweizerin. Sie war eine Adlige mit Namen ‚von Orelli'. (…) Aber sie selbst war eine einfache Frau, deren Herz wie das ihres Mannes den schlichten Menschen gehörte. (…) Von ihrem Mann erzählte sie, dass sie den Kleider-schrank verschließen müsse, weil er sonst noch seine letzte Hose den armen, schlichten Leuten geben würde."

Hermann Immer selbst ist am 10. November 1889 als Sohn des reformierten Pastors und ehemaligen Afrikamissionars Carl Eduard Immer in Manslagt, das in der ostfriesischen Krummhörn liegt, geboren worden. Nach seinem Abitur im Frühjahr 1908 in Emden studierte er an den Universitäten in Tübingen, Berlin und Bern Theologie. Während seines Studiums engagierte sich Immer in der Arbeit der Deutschen Christlichen Studentenvereinigung (DCSV). Zwischen seinem ersten und zweiten theologischen Examen (im

Herbst 1911 bzw. Herbst 1914) unterrichtete er vorübergehend für etliche Monate am Missionsknabenhaus in Basel. Seine Hilfsprediger- bzw. Vikartätigkeit übte er in den Gemeinden Bedekaspel und Ihrenerfeld aus.

Ab dem Jahr 1915 nahm Hermann Immer als Soldat am Ersten Weltkrieg (1914-1918) teil, in dem er 1916 so schwer verwundet wurde, dass man ihm ein Bein amputieren musste. Im März des darauffolgenden Jahres übernahm er als Nachfolger seines Vaters die reformierte Gemeinde Manslagt. Wie damals üblich, wurde er bei seiner Ordination darauf vereidigt, „so wie es einem Diener der christlichen Kirche geziemt, Seiner königlichen Majestät von Preußen Wilhelm II., (seinem) allergnädigsten König und Herrn, und dem königlichen Hause treu und gehorsam (zu sein)". Während seines Pastorendienstes in Manslagt (1917-1925) kam es in seiner Gemeinde zu einer geistlichen Erweckung.(2)

Im Jahr 1925 wurde Immer zum Pastor in der reformierten Kirche in Emden berufen. Dabei ließ er sich ausdrücklich einen Gemeindebezirk mit den schwierigsten menschlichen und sozialen Problemen zuweisen, und das war zu der Zeit die Große Kirche mit der Altstadt, Port Arthur und Transvaal. Immer traf hier auf viel Not und Elend, Arbeitslosigkeit und Trunksucht. Viele Arbeiter waren Kommunisten und atheistisch eingestellt. Doch der neue Pastor gewann schnell ihr Vertrauen und ihre Herzen. Bald schon sprach sich herum: Wenn du in Not bist, dann musst du zu Hermann Immer gehen, der wird versuchen, dir zu helfen. Sein sozial-diakonisches Engagement schildert sein Sohn Theodor Immer in einem ausführlichen Interview, das er 1997 Marianne Claudi über seinen Vater gab, anschaulich so: „Vom Barmherzigen Samariter hatte er (d.i. Hermann Immer; M.H.) was, ja: seine spontane Hilfsbereitschaft und Gebefreudigkeit, seine Selbstlosigkeit und persönliche Fürsorge für die Armen. (...) Ende der 20er Jahre, in der Zeit der großen Arbeitslosigkeit, der Kürzungen staatlicher Fürsorge, der Hungersnot, wurde sein Haus und seine Familie zur ‚Sozialstation'. Wir, seine sechs Kinder, haben keine Mahlzeit ohne Fremde am Tisch erlebt. Freie Räume, auch Keller und Treppenhaus wurden zu Notschlafplätzen für Obdachlose, (...) Er verschenkte nicht gerade sein letztes Hemd, wohl aber seinen besten Wintermantel, den unsere Mutter dann verzweifelt in den Kleiderschränken suchte. Nach der Machtübernahme der Nazis wurde unser Haus zur Anlaufstelle für die notleidenden Hinterbliebenen der politisch Verfolgten, (...) Er kannte sie alle: Hafen- und Industriearbeiter, Kommunisten, Sozialisten meist. (...) Als der Naziterror begann, wussten die Arbeiter: Auf Hermann Immer konnten sie sich in der Not verlassen. (...) Wenn die Frauen und Mütter dastanden mit den Urnen ihrer Männer, die in Buchenwald, Sachsenhausen, Esterwegen zusammengeschlagen und ermordet worden waren, dann hat er ihnen Trost und Halt gegeben und die Urnen in würdiger Zeremonie bestattet. Das hat man ihm nie vergessen, das verband sie." Seine Frau trug das große soziale Engagement und die praktizierte Nächstenliebe ihres Mannes mit und besuchte auch selbst notleidende Familien. Dass sie als eine geborene Schweizerin sich die plattdeutsche Sprache angeeignet hatte, um mit den ostfriesischen Gemeindegliedern besser kommunizieren zu können, rechneten diese ihr hoch an.

Gegner der nationalsozialistischen „Deutschen Christen"

In politischer Hinsicht war Hermann Immer ein Konservativer. Das hing auch mit seiner Familienherkunft und -tradition zusammen. Theodor Immer stellt über ihn fest: „Er hatte eine deutschnationale Einstellung mit preußischem Akzent. Sein Vater stammte von den Salzburger Exulanten ab, die wegen ihres protestantischen Glaubens aus Österreich vertrieben und von Friedrich Wilhelm I. in Preußen angesiedelt wurden – deshalb waren sie durch und durch königstreue Leute, und so auch mein Vater. (...) Över d' Kaiser dor gung nix! Im Urlaub brachte er uns Preußenlieder bei. (...) Ja, staatsbürgerliche Loyalität, Pflichtgefühl, Gehorsam, das waren für ihn die Garanten einer gesunden deutschen Seele."

Wie so viele andere damals, so hatte auch Hermann Immer die Machtübergabe an Hitler Anfang 1933 noch begrüßt – nach der Erinnerung seines Sohnes „wohl deshalb, weil die Nazis Deutschland vor den Kommunisten retteten und weil er die parlamentarische Demokratie für unfähig hielt, das bolschewistische Chaos zu verhindern". Das heißt aber keinesfalls, dass Immer ein Nazi war. Aus seiner Sympathie für den „Christlich-Sozialen Volksdienst" soll er nie ein Hehl gemacht haben. Auch bei der Reichstagswahl im Januar 1933 hatte er dieser Partei seine Stimme gegeben. Außerdem lehnte er es ab, seine Kinder freiwillig in die Hitler-Jugend zu geben. Was dazu führte, dass sein ältester Sohn Martin 1937 nicht zum Abitur zugelassen wurde.

Den Zugriff des Staates auf christliche Jugendgruppen durch Eingliederung in die Hitler-Jugend versuchte Hermann Immer dadurch zu unterlaufen, dass er kurzentschlossen (und recht autoritär) dafür sorgte, dass die evangelischen Jugendgruppen und Vereine in Emden sich selbst auflösten und ihre 10 bis 18-jährigen Mitglieder (reformierte wie lutherische(!) Kinder und Jugendliche) sich der von ihm gegründeten „evangelisch-reformierten Gemeinde-Jugend Emden" anschlossen. Diese war ab sofort integraler Bestandteil der reformierten Kirchengemeinde. Als solche genoss sie – sofern sich ihre Arbeit auf rein religiöse Dinge bezog – einen gewissen Schutz vor dem Parteizugriff. Aus diesem Grunde ging auch das Nutzungsrecht am CVJM-Heim an die reformierte Gemeinde über. In ihm fand nun – bis zur Beschlagnahmung des Hauses im Verlauf des Krieges durch die Stadt Emden – kirchliche Jugendarbeit einschließlich des Konfirmandenunterrichts statt.

Überhaupt verabscheute es Hermann Immer, wenn der Staat sich in kirchliche Belange einmischte. Deshalb war er auch entschiedener Gegner der nazitreuen „Glaubensbewegung Deutscher Christen" und der neu geschaffenen und von ihnen dominierten Deutschen Evangelischen Kirche („Reichskirche"). Erst recht waren ihm die mit nationalsozialistischer, völkisch-rassistischer Ideologie durchzogenen Irrlehren der „Deutschen Christen" ein Gräuel. Denn in Sachen des Glaubens und der Lehre kannte der fromme Emder Kirchenmann kein Pardon! Und so wurde er dann auch schon früh Mitglied der Bekennenden Kirche, dem entschlossenen Widerpart der Deutschen Christen. Als diese auf dem Höhepunkt ihres innerkirchlichen Einflusses waren und die „Reichskirche" sich 1933/34 unter dem „Reichsbischof" Ludwig Müller zu etablieren begann, da fand Hermann Immer sehr deutliche Worte. Eindringlich rät er In einem Beitrag unter der Überschrift „Die Stunde der Entscheidung" seiner Kirche:

Wir haben in der ‚deutsch-christlichen Kirche' ein nach Form und Geist antichristliches Kirchengebilde vor uns. Mit ihr zu verhandeln, wäre schlimmer, als wenn Luther mit der Papstkirche verhandelt hätte. Mit Häretikern verhandelt man nicht. Mit ihnen ist nach Mt

18,15-17 zu verfahren. Mir scheint der Reichskirche gegenüber der Fall von Vers 17b gegeben zu sein: ,Haltet ihn für einen Heiden und Zöllner.' So ist der Bruch mit der ,deutsch-christliche Reichskirche' unvermeidlich, wenn wir den Weg des Bekennens gehen wollen. Wir dürfen dabei nicht nach den Folgen fragen, etwa (…) Entziehung der Staatszuschüsse, Enteignung des kirchlichen Vermögens oder dergleichen. Unsere Väter haben auch nicht danach gefragt, als es galt, Christus zu bekennen. Sie haben um seinetwillen alles verlassen.

Hermann Immer hatte etwas von einem leidenschaftlichen Bußprediger an sich. Sünde, Gericht und Gnade, Bekehrung und Erlösung, das waren die Schwerpunkte seiner Verkündigung, darum ging es ihm. Sein Sohn Theodor meinte auf die Frage, wie man sich seinen Vater auf der Kanzel vorzustellen habe: „Das muss ich ostfriesisch beantworten: ,He har Talent' (…) Wortgewaltig und mit ungeheurem Stimmaufwand! Der brauchte keinen Verstärker. Das war so richtig was für Ostfriesen. Die mochten keine zaghaften Kandidaten, (…) Ja, wenn Hermann Immer losdonnerte, dann mussten sie auf was gefasst sein." Die Akzeptanz, die der Emder Pastor in seiner Gemeinde genoss, rührte sicherlich auch daher, dass die Menschen spürten: Dieser Mann steht selbst hinter seiner Botschaft und ist unbedingt bereit, sich auch persönlich dem An- und Zuspruch des Wortes Gottes auszusetzen.

Eine missverstandene Predigt wird Immer zum Verhängnis

Eine Predigt in der Großen Kirche in Emden sollte jedoch für den populären, wort- und stimmgewaltigen Hermann Immer üble Folgen haben. Es war eine Predigt, die er am 3. September 1939 gehalten hatte, also zwei Tage nach dem von Hitler losgetretenen Angriffskrieg gegen Polen. Seiner Verkündigung hatte Immer damals den 27. Psalm zugrunde gelegt. In der Predigteinleitung ließ er die Gemeinde wissen: „In meiner Bibel hat dieser Psalm die Überschrift: ,Auch in Kriegsnot ist David im Herrn geborgen.' So ist dieser Psalm recht ein Lied für uns in dieser Heimsuchung, die über uns gekommen ist." Im weiteren Predigtverlauf führte er dann aus: „Auch der Dichter des 27. Psalms hat die Anfechtung des Zweifels gekannt; sie durchzittern sein Gebet, wenn es da im 9. Vers heißt: ,Verbirg dein Antlitz nicht vor mir und verstoße nicht im Zorn Deinen

Knecht; denn Du bist meine Hilfe. Lass mich nicht und tue nicht von mir die Hand ab, Gott, mein Heil!' Er ist sich dessen durchaus bewusst, dass Gott allen Grund hätte, Sein Angesicht vor ihm zu verbergen und Seinen Knecht im Zorn zu verstoßen. – Hätte Gott nicht auch allen Grund, Sein Angesicht vor unserm Volk zu verbergen und es im Zorn zu verstoßen, weil es Ihn so schmählich verlassen hat? Aber wir wollen nicht von denen reden, die draußen sind, hätte Gott nicht allen Grund, sein Angesicht vor uns zu verbergen und uns im Zorn zu verstoßen?" In dem Schlussgebet führte Immer dann u.a. aus: „Wir sind es nicht wert, dass du uns hörst. Du hättest wohl allen Grund, dein Antlitz vor uns zu verbergen, im Zorn uns zu verstoßen und deine Hand von uns abzuziehen. Wie schmählich hat unser Volk, haben wir dich verlassen und uns von dir gewandt. Herr, lass noch einmal Gnade vor Recht ergehen. Vergib uns unsere Sünde, erbarme dich unser."(3)

Die oberste nationalsozialistische Parteizentrale hatte an jenem 3. September in alle Kirchen zu den Gottesdiensten Spitzel beordert, die die unmittelbar nach dem Kriegsausbruch gehaltenen Predigten überwachen und sich ein Stimmungsbild in der Bevölkerung machen sollten. So saßen an diesem Tag auch in der Großen Kirche in Emden zwei nicht unbekannte NS-Frauen, die sich sonst am kirchlichen Leben nicht beteiligten, unter den Gottesdienstbesuchern, um etwaige politisch unkorrekte Aussagen festzuhalten. Als nun der junge Emder NS-Kreisleiter Bernhard Horstmann von den beiden Informantinnen einen verzerrten und sinnentstellten Bericht von der Predigt und dem Gebet Immers erhält mit dem Tenor, dass dieser gesagt habe: „Gott muss unser Volk in den Abgrund stürzen", – da wittert der Parteibonze eine Gelegenheit, den ihm unliebsamen Pastor Immer kaltzustellen.

Anscheinend rührte seine Animosität gegen diesen von jenem eingangs erwähnten Vorfall mit der jüdischen Frau her, die Immer nach der Pogromnacht spontan zu trösten versucht hatte. Denn diese menschliche Geste gegenüber einer Jüdin hatten natürlich auch andere Passanten mitbekommen und davon weitererzählt. Und auch Horstmann wurde der Vorfall hinterbracht. Der hatte daraufhin bei der nächsten Kundgebung der SA vor dem Parteihaus am Neuen Markt voller Empörung ausgerufen: „Wir brauchen keine Pastoren, die vom Rad springen und jüdische Frauen trösten!"

Nachdem der Redner eine effektvolle, beifallheischende Pause gemacht hatte und auf den erhofften Applaus wartete, fiel dieser jedoch zu seiner Enttäuschung nur auffallend dürftig aus. Denn die Emder ließen auf Hermann Immer, auf den Horstmanns Attacke ja zielte, nichts kommen. Eine irgendwie peinliche Situation für den NSDAP-Mann. Daraufhin scheint dieser nur auf eine Gelegenheit gewartet zu haben, um den reformierten Pastor zu Fall zu bringen. Theodor Immer: „Hermann Immer war sehr beliebt bei den Leuten, wurde geschätzt und verehrt. Die Nazis mussten eine so charismatische Figur als Konkurrenz empfinden. Jedenfalls hatte seitdem Horstmann wohl in Hermann Immer seinen persönlichen Feind gefunden."

Nachdem Horstmann nun Kenntnis erhalten hat von den vermeintlich verwerflichen Aussagen Immers in Predigt und Gebet, überschlagen sich die Ereignisse. Der Pastor wird noch am selben Abend von der Gestapo verhört, dann aber nach dem Verfassen eines Protokolls wieder entlassen. Daraufhin dringt der NSDAP-Kreisleiter auf den Emder Oberbürgermeister Carl Heinrich Renken ein, Hermann Immer in „Schutzhaft" zu nehmen. Sodass dann, wie sich sein Sohn Theodor erinnert, noch in der Sonntagnacht ein Polizeibeamter in der elterliche Pastorenwohnung mit den Worten erscheint: „Herr Pastor, wir müssen Sie leider in Schutzhaft nehmen. Die Wut der Bevölkerung ist nach Ihrer Predigt so stark, dass wir verpflichtet sind, Sie zu beschützen." Woraufhin Hermann Immer nur gequält lächelnd antwortet: „Herr Cohrs, wir kennen uns doch, Sie wissen ganz genau, meine Emder tun mir nichts."

Unterstützt von einem Kranführer und einem Amtsbruder kämpft Immer um sein Recht

Als Jan Klaassen, ein offenbar tonangebender Kranführer im Emder Hafen, von der Arrestierung „seines" Pastors (im Polizeigefängnis am Rathaus) erfährt, ist er stinksauer und begibt sich gleich am nächsten Morgen mit weiteren Arbeitskollegen zu Renken. Unmissverständlich lässt er den OB wissen: „Wenn Hermann Immer nicht am nächsten Sonntag wieder in der Großen Kirche zu sehen ist, dann gifft' Skandal bi uns in Hafen!" Und tatsächlich erreicht Klaassen, gestützt auf die Solidarität der Hafenarbeiter, dass Renken zusammen mit der Gestapo die missliche Angelegenheit vorerst „bereinigt": Bereits am darauffolgenden Mittwoch, den 6. September, wird Immer tatsächlich aus dem Gefängnis entlassen. Allerdings wird über ihn bis zur Entscheidung durch das Geheime Staatspolizeiamt Berlin ein unbefristetes Tätigkeitsverbot verhängt.

Nicht nur Jan Klaassen hatte sich vehement für den Inhaftierten eingesetzt. Als der Vorsitzende des Emder Kirchenrats, Immers Amtskollege Jan Weerda, am 4. September zum Gefängnis eilt, teilt ihm der Kriminalkommissar de Boer mit, dass ihn der Kreisleiter Horstmann zu sprechen wünsche. Über diese Unterredung, in der er sehr deutliche Worte gegenüber dem Nazifunktionär fand, hat Weerda noch am selben Tag in einem Schreiben an den Landeskirchenrat in Aurich u.a. so berichtet:

Allein über die Predigt von Pastor Immer habe er (d.i. Bernhard Horstmann; M.H.) einen Bericht erhalten, der ihn zum Einschreiten gezwungen habe. Es wurden mir dann einzelne Sätze offenbar aus dem Schlussgebet vorgelesen, (…) Diese Sätze enthielten ein Sündenbekenntnis, eine Anklage gegen unser Volk vor Gott, dass es den Herrn verlassen habe, und wenn Gott mit ihm ins Gericht gehen wolle, so könne er es ‚in den Abgrund schleudern'. Der Kreisleiter sah darin den Versuch, die Widerstandskraft unseres Volkes durch lähmende Stimmungserzeugung zu schwächen. Die Predigt der Kirche müsse aber in ihrer Wirkung zumindest positiv wirken. Er habe deshalb einen Antrag gestellt, Pastor Immer auszuweisen.

Im Verlauf der weiteren Unterredung versuchte dann Weerda dem NSDAP-Kreisleiter den Sinnzusammenhang und die wahre Bedeutung des beanstandeten „Sündenbekenntnisses" klarzumachen. Nach seinen Informationen habe „die ganze Predigt in keiner Weise die Aufgabe verletzt, die einem Prediger unter den heutigen Umständen aus seinem Amt als Prediger einer Volkskirche erwachse". Weerda bittet Horstmann, „doch einige Älteste zu hören, die dem Gottesdienst beigewohnt hätten, um nach Möglichkeit durch einen Zusatzbericht den Sachverhalt zu klären". Und er warnt, dass er „keinen Zweifel darüber lassen (könne), dass eine Verweisung, falls die Reichsverteidigungsstelle sie verfügen würde, eine ganz große Unruhe in der Bevölkerung hervorrufen würde". Anschließend suchte Weerda den Oberbürgermeister Renken auf, der ihm nicht nur

erlaubte, den Häftling Immer zu besuchen, sondern auch erstaunlicherweise versicherte, dass er „dem Herrn Kreisleiter gegenüber
seine Bedenken über die Notwendigkeit der Verhaftung geäußert
(habe), aber mit seiner Ansicht nicht durchgedrungen (sei)".(4)

Für einen Vollblutprediger und -seelsorger wie Hermann Immer wog
das ausgesprochene Tätigkeitsverbot schwer. Auch hing die
angedrohte und von ihm sehr gefürchtete Versetzung aus seinem
gewohnten und ihm lieb gewordenen Emder Umfeld wie ein
Damoklesschwert über ihm. Doch die Klärung seines Falles sollte
sich eine zermürbend lange Zeit hinziehen. Verwirrend viele Stellen
sind in seiner Angelegenheit involviert. Theodor Immer: „Horstmann
brachte den Fall pflichtschuldig vor den Gauleiter Weser/Ems, Carl
Röver. Der beschied die Einlieferung Hermann Immers in ein
Kozentrationslager. Das aber ging nur über die Gestapo, womit die
Angelegenheit wieder bei Struwe in Emden gelandet wäre. Der war
aber alles andere als ein Freund von Horstmann. Damit Struwe
ihnen nicht noch einmal mit seinem Taktieren in die Quere kommen
konnte, brachten Horstmann und Röver die Sache gleich vor die
höchste Instanz, vor Hitlers Stellvertreter Rudolf Heß. Dort schien
niemand Interesse an der Pfaffenangelegenheit zu haben. Nun aber
kann niemand mehr zurück." Und auch der Wilhelmshavener
Gestapo liegt der Fall vor, die will aber auch nicht allein entscheiden.

Immer sucht eine Stelle nach der anderen auf und spricht bei ihnen
vor. Verzweifelt kämpft er um sein Recht und versucht, eine
endgültige, positive Klärung seines Falles herbeizuführen. Doch der
Schwebezustand, in dem er und sein Fall sich befinden, zieht sich
zermürbend lange hin. Am 18. Dezember 1940 kann dann aber
Immer dem Landeskirchenrat von einer erfolgreichen Unterredung
mit dem Gauleiter Carl Röver berichten: „Entgegen meinen
Erfahrungen im Mai des Jahres", so schreibt er, „fand ich diesmal
eine völlig veränderte Situation vor. Herr Gauleiter Röver hörte mich
ruhig an, (...) Ich habe zuerst an das Gerechtigkeitsempfinden des
Gauleiters appelliert, indem ich darauf hinwies, dass ich die mir zur
Last gelegten Äußerungen nicht gemacht habe. (...) Ich sagte, dass
es ihm als Gauleiter doch gewiss darauf ankäme, dass in allen
Dingen der Gerechtigkeit Genüge geschehe, und dass auch das
Gerechtigkeitsempfinden des Volkes nicht verletzt werde. Das Volk
aber stünde auf dem Standpunkt, dass mir Unrecht geschehen sei.

Sodann habe ich darauf hingewiesen, dass ich voll und ganz im ostfriesischen Volkstum wurzele. Ich sei auf einem kleinen Dorf bei Emden geboren (...), spräche seit meiner Kindheit Plattdeutsch, spräche auch jetzt mit meinen Gemeindegliedern fast nur Platt. (...) Ich sei schon über 50 Jahre und zum Umpflanzen und Einwurzeln in den Boden eines neuen Volkstums schon reichlich alt. (...) Als ich geendet hatte, sagte der Gauleiter, zu seinem Stellvertreter, Herrn Walkenhorst gewendet: ‚Wir wollen einen Strich drunter machen. Die Sache hat lange genug gedauert. Wir haben kein Interesse mehr daran. Wir wollen Horstmann um einen Bericht ersuchen und dann soll Schluss gemacht werden.' Meine Frage, ob ich denn nun in Emden bleiben könnte, wurde ebenfalls zustimmend beantwortet."

Anschließend teilt Immer mit, dass er auch eine Unterredung mit dem Kreisleiter Horstmann gehabt habe, „bei dem eine noch vollständigere Änderung der Lage festgestellt werden konnte. Kreisleiter Horstmann (...) sagte mir, dass er selbst in dem von mir gewünschten Sinne vor einigen Tagen auf der Gauleitung in meiner Sache vorstellig geworden sei. Der Gauleiterstellvertreter Walkenkorst werde in 14 Tagen nach München reisen und dort die Sache beim Stellvertreter des Führers bereinigen." Gegen Ende seines Schreibens kann Hermann Immer nicht unterlassen, voller Dankbarkeit gegenüber Gott anzumerken: „Ich kann diesen Bericht nicht schließen, ohne das Schriftwort anzuführen, das mir die einzige Erklärung dieser unfassbaren Wendung gibt: <u>Das ist vom Herrn geschehen und ist ein Wunder vor unsern Augen. Psalm 118,23.</u>"

Nicht unerwähnt bleiben soll, dass auch der treue Jan Klaassen in der Causa Immer nicht untätig geblieben war. So hatte er etwa zusammen mit dem Emder Kaufmann Peter Petersen ebenfalls Carl Röver aufgesucht. Energisch bestritten die zwei gegenüber dem Gauleiter die Vorwürfe, die man dem Emder Pastor seit bzw. wegen seiner Predigt vom 3. September 1939 machte. Danach wurden die beiden mutigen Männer sogar beim Geheimen Staatspolizeiamt in Berlin vorstellig. Und schließlich bedrängten sie den in der ganzen Angelegenheit zunehmend unsicher gewordenen Horstmann, seine einstige Entscheidung zu revidieren und sich deutlich zugunsten der Rehabilitierung ihres Pastors zu positionieren. Es sollte allerdings noch einige Zeit vergehen, bis endlich am 4. März 1941 das gegen

Immer ausgesprochene Verbot der Ausübung seiner Amtstätigkeit aufgehoben wurde.

Trotz allem stand Hermann Immer loyal zum Staat bzw. zur „Obrigkeit". Theodor Immer schreibt hierzu: „Die staatspolizeilichen Maßnahmen gegen Anhänger der BK (...), die Kenntnis von Konzentrationslagern in die in den 30er Jahren mancher Arbeiter aus Emden verschleppt wurde, haben ihn zunehmend, vor allem Mitte des Krieges, bedrückt; den wachsenden Einfluss der Rosenbergschen Ideologie in Staat und Partei hat er beklagt, aber seine Loyalität gegenüber dem Staat hat dies nicht grundlegend erschüttern können. (...) Er meinte differenzieren zu können zwischen der genannten ideologischen Propaganda und den eigenmächtigen Maßnahmen der Gestapo einerseits und der scheinbar noch vorhandenen rechtsstaatlichen Ordnung andererseits. Diese Einschätzung (...) wurde unterstützt durch die vielfältigen Rivalitäten zwischen unterschiedlichen Gliederungen von Partei und Polizei, auch zwischen Wehrmacht und NS-Staat. (...) Wann ihm klargeworden ist", so Theodor Immer weiter, „dass der totale NS-Staat diese Differenzierung nicht erlaubte, kann ich nicht sagen." An anderer Stelle seiner Dokumentation („Hermann Immer. Zwei Abschnitte seines Lebens. Nach den Akten dargestellt") weist Theodor Immer darauf hin: „Die Entwicklung der politischen Einstellung Hermann Immers nach 1945 (gegen Wiederbewaffnung, für Heinemanns GVP usw.) zeigt, dass er auf diesem Gebiet eine Neuorientierung vorgenommen hat. Sein Verhältnis zu Volk, Nation, Staat hat sich nach dem Schock des ‚Zusammenbruchs' 1945 und dem Potsdamer Abkommen (Verlust der ‚Ostprovinzen'!) verändert, wie ich in vielen persönlichen Gesprächen feststellen konnte."

Am 28. Dezember 1958 erlitt Hermann Immer einen Schwächeanfall, der dazu führte, dass er seit dem 1. April 1959 in den Ruhestand gehen musste. Diesen verlebte er dann gemeinsam mit seiner Frau im Hause seiner Tochter Helen und ihres Mannes Pastor Hans Junker in Bunde. In seinem Leben hat Immer ungezählten Menschen seelsorgerlich und auch ganz praktisch und konkret beigestanden und geholfen. „Ich muss das Leben vieler anderer mitleben, darum bin ich oft so müde", meinte er einmal in einer Phase der Ermattung. Unter anderem arbeitete er aktiv im „Blauen Kreuz" mit, das sich um alkoholkranke Menschen bemüht. Und auch im „Schwarzen Kreuz" engagierte er sich und kümmerte sich aufopferungsvoll um Gefangene und „Sicherungsverwahrte". Unmittelbar nach dem Krieg baute er das Evangelische Hilfswerk für Emden auf. Und auch beim Wiederaufbau der „Schweizer Kirche" erwarb er sich große Verdienste, indem er zum Beispiel seine guten Auslandskontakte zur Akquirierung von Spendengeldern nutzte. Dem Ostfriesischen Gemeinschaftsverband stand er über 20 Jahre vor. Am 24. Mai 1964 ist Hermann Immer, der in seinem Leben so unermüdlich gewirkt und gedient hat, im Alter von 74 Jahren gestorben. Sein Neffe Gerrit Herlyn hat einmal bemerkt, dass sein Onkel „mit der ganzen Bevölkerung Emdens so verbunden (war), dass jemand sagte: ‚Wenn Hermann Immer mal dood is, dann is Emden neet mehr Emden'". Im Emder Stadtteil Port Arthur/ Transvaal erinnert heute eine Straße an ihn.

Anmerkungen

(1) Hermann Immers Sohn Theodor gibt an, dass seinen Vater „die Zerstörung der Synagoge und der damit zusammenhängende Pogrom zutiefst schockiert" hätten. Und Hermann Immers Neffe Gerrit Herlyn schreibt: „Wo er konnte, setzte er sich für die Angehörigen des Volkes Israel ein und zog bis zuletzt vor jedem Juden, dem er begegnete, seine Mütze."

In einem mir zur Verfügung gestellten Buchauszug (wahrscheinlich handelt es sich auch nur um ein Manuskript) heißt es: „Diese Nacht (gemeint ist die Pogromnacht vom 9. auf den 10. November 1938; M.H.) war in Emden sehr schauerlich gewesen, denn es wurden große Verwüstungen angerichtet und Gewalttaten an den Juden begangen. Von Vertretern der evangelischen Kirche, insbesondere von Hermann Immer, wurde den Verprügelten und Verletzten der Juden geholfen, indem man sie entweder in die eigenen Wohnungen brachte und verarztete oder indem man sie mit sich nach Hause nahm. Aufgrund dieser Hilfeleistungen wurde dann von der Kreisverwaltung eine Protestveranstaltung einberufen gegen den ‚Judenknecht' Pastor H. Immer. Der Protestmarsch der Nazis, die vor das Haus von H. Immer ziehen wollten, um ihm eine Lehre zu erteilen, wurde ein Fehlschlag, denn keiner der Emder Mitbürger beteiligte sich an diesem Marsch und so musste dieser ausfallen." (Leider ist auf der Kopie weder der Titel noch der Autor dieser Schrift vermerkt. Hermann Immers Sohn Theodor hat weder in seiner Untersuchung über die Geschehnisse, die später zur vorübergehenden Inhaftierung und dem längeren Tätigkeitsverbot seines Vaters führten, noch in dem ausführlichen Interview, das er Marianne Claudi über seinen Vater gab (s. Quellennachweis unten) über die oben zitierten Begebenheiten berichtet, sodass ihr Wahrheitsgehalt mir nicht gesichert erscheint. Gleiches gilt für einen mir ebenfalls in Kopierform vorliegenden Artikel („De Emders hebben de Nazis ook Tegenwehr boden"), in dem es heißt: „In de ‚Reichskristallnacht', as overall de Synagogen brannten deen, hett Hermann Immer mit ‚n paar Frünnen de Jöden hulpen, so gaud as ‚t gung. De Protestmarsch van de Nazis tegen disse ‚Jödenknecht' muss aber utfallen, weil keen Emder Börger mitmaakt hett." Auch hier ist weder der Verfasser noch die Quellenherkunft angegeben. Frau Elisabeth Adler, geb. Immer, die Enkeltochter von Hermann Immer, teilte mir in einer Mail vom 31.10.2023 auf meine Frage, ob sie die geschilderten Vorfälle bestätigen könnte, mit: „Natürlich kann ich diese Vorfälle nicht bestätigen, da ich ja noch nicht geboren war. Es waren Erzählungen, die sowohl in der Familie, als auch in der von Ihnen gefundenen Veröffentlichung Verbreitung fanden. Ich denke, diese Erzählungen zeigen ein wenig, wie unerschrocken H.I. seinen Weg durch die Nazizeit ging.")

(2) Hermann Immer war übrigens in den 20er Jahren des vergangenen Jahrhunderts einer der Initiatoren von plattdeutschen Predigten, die in Ostfriesland schon lange nicht mehr üblich waren. Bei seinem Aufenthalt in der Schweiz hatte er Kindergottesdienste in Schwyzerdütsch kennengelernt und dabei beobachtet, wie man über die heimische Mundart die biblische Botschaft den Hörern besonders gut nahebringen und verstehbar machen kann. Während seiner Vikariatszeit in den ostfriesischen Landgemeinden Bedekaspel und Ihrenerfeld hatte er dann regelmäßig selber plattdeutsche Kindergottesdienste durchgeführt. Und auch als Pastor von Manslagt richtete er kindgemäße Gottesdienste in Mundart ein. Als Immer später nach Emden übergewechselt war, hielt er gerne vor dem Auslaufen der Logger der Emder Heringsfischerei im Herbst plattdeutsche Gottesdienste für die Seeleute und ihre Angehörigen. Auch hat Immer (wie auch sein Freund Heinrich Oltmann) in der Jugendarbeit und bei Evangelisationen verschiedentlich in plattdeutscher Sprache gepredigt.

(3) Wie sehr es Hermann Immer in jener Predigt darum ging, deutlich zu machen, dass die Heimsuchung (des Krieges) auch eine Mahnung und Gelegenheit beinhalte, sich von sündigen Wegen abzukehren und sich (neu) Christus anzuvertrauen, zeigen u.a. folgende Passagen aus der Predigt und dem Schlussgebet: „O, dass du diesen Herrn im Glauben an Jesus Christus als deinen Gott und Vater ergreifen möchtest, dann bist du auch in Kriegsnot geborgen im Herrn. Wenn das jetzt doch viele lernen möchten, dann würde die Notzeit für uns zur Heilszeit. (…) Noch öffnet sich das Jesusherz für alle, die (…) erkennen ihren Schaden. So kommt denn her zu ihm alle, die ihr mühselig und beladen seid." Und: „Herr, wir danken dir für den Trost deines Wortes. Hilf uns im Glauben an Jesus Christus, den

für uns gekreuzigten und auferstandenen Herrn, dich als unseren Gott und Vater zu ergreifen, damit wir aussprechen können, was immer kommen mag: Der Herr ist mein Licht und mein Heil, vor wem sollte ich mich fürchten, der Herr ist meines Lebens Kraft, vor wem sollte mir grauen?"

(4) Wenig rühmlich hat sich in dem „Fall Immer" der reformierte Landeskirchenvorstand verhalten. Was seine Bemühungen für Hermann Immer betrifft, so fielen diese während der Zeit seines Tätigkeitsverbotes doch eher „vorsichtig" und halbherzig aus und waren auch nicht frei von einer gewissen Distanzierung.

Literatur- und Quellennachweis

„Der Pastor kam immer mit dem Damenrad". Interview mit Diedrich Engelberts in der Serie „Emder erzählen" (4. Folge). In: Emder Zeitung v. 25.5.1996
Herlyn, Gerrit: Pastor Hermann Immer gestorben. In: Sonntagsblatt Nr. 23/1964, S. 10
Immer, Ferdinand: Hermann Immer (Nachruf)
Immer, Hermann: Die Stunde der Entscheidung (Artikel; Name des Publikationsorgans nicht bekannt)
Immer, Hermann: Jan Scheter sien Wiehnachten un Harm un Hinnerk up Reis na Kassel. Herutgeven van Gerrit Herlyn. Weener 1986 (Mit einem Vorwort von Gerrit Herlyn.)
Immer, Theodor: Hermann Immer. Zwei Abschnitte seines Lebens. Nach den Akten dargestellt von Theodor Immer. Manuskript 1991
Können wir nach Auschwitz noch Theologie betreiben wie vorher? Marianne Claudi im Gespräch mit Theodor Immer über seinen Vater Hermann Immer. In: Christian Züchner (Hg.): Über Zeiten und Räume. 350 Jahre Neue Kirche 1648-1998. Emden 1997
Kröger, Heinrich: Plattdüütsch in de Kark in drei Jahrhunderten. Bd. 2: 20. Jahrhundert. Hermannsburg 2001
„Pastor Immer glaubte an Brandstiftung und Hafenarbeiter drohten mit Streik". Interview mit Johanne Fricken in der Serie „Emder erzählen" (72. Folge). In: Emder Zeitung aus dem Jahr 1998
Weßels, Paul: Nicht hoffnungslos, sondern handelnd. Heinrich Oltmann (1892-1937) – Ein reformierter Pastor im Kirchenkampf. Wuppertal 2002, S. 97f

An dieser Stelle möchte ich Hermann Immers Enkeltochter, Frau Elisabeth Adler, geb. Immer, ganz herzlich danken für die Mitteilungen, die sie mir zu ihrem Großvater gegeben hat sowie für das mir von ihr zur Verfügung gestellte Quellenmaterial. Nicht alles ist in dem obigen Literatur- und Quellennachweis aufgeführt.

Karl Immanuel Immer – „Alltied liekdör!"

Herkunft verpflichtet

Karl Immanuel Immer hat fromme Vorfahren gehabt – und das reicht weit zurück. Denn die Familie seines Vaters stammte von jenen Salzburger Emigranten ab, die zusammen mit anderen Glaubensflüchtlingen Anfang der Dreißigerjahre des 18. Jahrhunderts ihre geliebte Bergheimat (und mit ihr Haus und Hof) in dem katholischen Fürsterzbistum Salzburg um ihres evangelischen Glaubens willen verlassen mussten. Eingeladen vom preußischen König Friedrich Wilhelm I., zogen viele nach Ostpreußen, wo sie sich dann eine neue Existenz aufbauten. Und hier kam auch Karl Immers Vater, Carl Eduard Immer (1848-1914), her. „Die Hohenzollern haben uns eine Heimat gegeben, das dürfen wir ihnen nie vergessen", daran hat er seine eigenen Kinder immer wieder erinnert. Die Liebe zu den Hohenzollern ist dann auch seinem Sohn Karl quasi vererbt worden. Nicht von ungefähr hat der später in der Zeit des Kirchenkampfes zweimal den im holländischen Exil lebenden Wilhelm II. aufgesucht, um ihm über Beschlüsse der Bekenntnissynoden persönlich zu berichten. Nicht zuletzt sollte aber dem Sohn die standfeste und opferbereite Glaubens- und Bekenntnistreue seiner Salzburger Vorfahren zu einem ihn zeitlebens prägenden und verpflichtenden Erbe werden.

Carl Eduard Immer und seiner Frau Flora wurden zehn Kinder geschenkt. Drei ihrer Söhne wurden später selbst Pastoren (darunter Karl Immanuel und Hermann Immer). Zudem heirateten zwei Töchter Pastoren. Die eine von ihnen, Wilhelmina Immer, war die Frau von Jakob Johannes Herlyn, und damit die Mutter von Gerrit Herlyn.

Am 1. Mai 1888 ist Karl Immer in Manslagt zur Welt gekommen. Nach den Gymnasialjahren studiert er in Marburg unter anderem Theologie. Aber was er eigentlich einmal werden will, das weiß er noch gar nicht so recht. Alles ist noch unverbindlich und vage. Da wird ganz plötzlich und unerwartet sein älterer Bruder Ferdinand, der nicht nur ein vielversprechender Medizinstudent, sondern auch ein entschiedener Christ ist, von einer heimtückischen Krankheit dahingerafft. Das ist für Karl Immer der entscheidende Weckruf. Seinen erstaunten Eltern erklärt er: „Der Herr Christus hat heute einen seiner Streiter auf dieser Erde verloren. Mit dem heutigen Tage trete ich an seine Stelle!" Er wechselt zunächst über auf die Universität in Halle, wo Martin Kähler sein Lehrer wird, und geht dann nach Tübingen, wo der bekannte Professor Adolf Schlatter lehrt.

Während seiner anschließenden Zeit als Vikar und Hilfsprediger übernimmt Karl Immer zeitweise die Leitung einer kleinen Kreisschule (Sexta bis Untersekunda) in Pewsum. Hier lernt er auch die Lehrerin und Pfarrerstochter Tabea Smidt kennen, die schon bald seine Frau wird. Später wird ihr Sohn Karl Eduard, der von 1971 bis 1981 Präses der Evangelischen Kirche im Rheinland war, seiner Mutter attestieren, dass sie „mit Klugheit und Verständnis von 1914 bis 1944 den Weg ihres Mannes begleitet" und „ratend und helfend die Freude und die Last des Amtes getragen (hat), das ihr als Pfarrfrau gegeben war".

Im Kriegsjahr 1914 wählt die Evangelisch-reformierte Kirchenge-meinde in Rysum Karl Immer zu ihrem Pastor. Bis 1925 hat der in dem Dorf, das nicht weit von seinem Geburtsort Manslagt entfernt ist, gewirkt, unterbrochen lediglich von den letzten Kriegsjahren des 1. Weltkriegs, in denen Immer an der Westfront als Feldprediger tätig war. Während seines Dienstes kam es in seiner Gemeinde zu einem geistlichen Aufbruch. Und das ausgerechnet in Rysum, von dem es allgemein hieß, dass in diesem Dorf die Kehlen besonders „trocken" seien und das Wort Gottes zwar geachtet, der Alkohol aber geliebt werde!

Vieles veränderte sich damals in Rysum, in dem gewissermaßen ein neuer Geist einzog. Nicht nur die Jugendlichen, auch große Teile der erwachsenen Bevölkerung des Ortes wurden von der Erweckung erfasst. Zwar war in jener Zeit ebenfalls in anderen Gebieten der Krummhörn christliches Leben neu aufgeblüht, aber das Zentrum dieser Bewegung lag wohl in Rysum. Positiv und hilfreich wirkte sich bei all dem aus, dass der Rysumer Pastor durch seine verbindliche und gewinnende, fröhlich-humorvolle und natür-liche Art einen guten Zugang zu den Menschen fand. Er war fest verwurzelt im Worte Gottes, geradlinig in seiner Art und doch offen für neue Wege. Wenn er einmal eine Sache als richtig und von Gott geboten erkannt hatte, dann ging es bei ihm unerschrocken nach dem Motto: „Alltied liekdör!" („Jederzeit gerade durch!") Auch zeichnete ihn in seinem Urteil und Verhalten eine große Unabhängigkeit aus. Nach seinem Schwager und Nachfolger im Amt, Udo Smidt, erfüllte es Karl Immer mit Sorge, „wenn er im Kreis seiner Amtsbrüder beobachten musste, wie man entweder steif und stur alles beim Alten lassen wollte; oder aber, wie man mit einer leicht liberalen Anpassung sich auf die ‚neue Zeit' einzustellen versuchte. Beide Richtungen waren ihm verdächtig. Orientierung nach rückwärts oder nach vorwärts standen hier für ihn zu eindeutig unter säkularem Vorzeichen und blieben deshalb ohne die Verheißung und Erwartung einer grundlegenden Wendung."

Wechsel nach Barmen-Gemarke: Zur rechten Zeit am rechten Ort

Im Frühjahr 1925 wechselte Karl Immer in die Innere Mission. Er wurde Leiter des Neukirchener Erziehungsvereins in Neukirchen, Kreis Moers. Doch bereits 1927 übernahm er dann wieder eine Pfarrstelle. Die Evangelisch-reformierte Gemeinde Barmen-Gemarke hatte ihn für den dortigen Gemeindedienst gewinnen können. Die rund 24.000 Mitglieder zählende Gemeinde erstreckte sich über die Stadtteile Oberbarmen und Mittelbarmen und war in verschiedene Bezirke aufgeteilt. Karl Immer wurde der 6. Bezirk zugewiesen. Obwohl Großstadtgemeinde, so war doch die gesamte Gemarker Kirchengemeinde für den frommen ostfriesischen Pastor wie geschaffen. Wie Robert Steiner, ein ausgewiesener Kenner der Gemarker Gemeindehistorie, schreibt, trug sie „seit dem Ende des 18. Jahrhunderts calvinisch-tersteegensches Gepräge, (…) Wenn man es in Gemarke mit einer Gemeinde zu tun hatte, die dem Pietismus Raum gönnte, so ist das nicht nur von der Geschichte her zu verstehen. Es bedeutet vielmehr auch, dass das Wort Gottes und nichts anderes die beherrschende Stellung in ihr hat. (…) Die sechs Gemarker Pastoren bildeten um 1930 einen Bruderkreis, der sehr einheitlich war und nichts anderes wollte, als das Wort Gottes den Menschen ihrer Zeit zu bezeugen. Wenn auch Unterschiede in ihrer Predigt und ihrem gesamten Dienst nicht zu verkennen waren, so wollten sie doch nichts anderes als Diener ihres Herrn Jesus Christus sein. Von den Ältesten der Gemeinde muss dasselbe gesagt werden. Sie waren zum großen Teil aus den der Gemeinde sehr nahe stehenden Christlichen Vereinen Junger Männer hervorgegangen. Nur solche Gemeindeglieder wurden zu Presbytern gewählt, die sich als gläubige Christen bewährt und ein Urteilsvermögen in geistlichen Fragen und Aufgaben hatten." Und wenn es unter den Gemeindegliedern auch unverbindliche Gewohnheitschristen gab und sich später einige wenige der NSDAP und den Deutschen Christen anschlossen, so waren doch nach Steiner „die Gemeindeglieder (maßgebend), die an den Gottesdiensten und Bibelstunden teilnahmen, auch die Vereine und Kreise der Gemeinde regelmäßig besuchten und die Geschehnisse in der Kirche mit lebhaftem Anteil begleiteten."

Immers Bezirksgemeinde lag im Ortsteil Klingenholl, wo sie einen großen Gemeindesaal und ein kleines „Kapellchen" hatte. Und wie einst in Rysum, so geht auch in Gemarke Karl Immer nicht nur mit großem Eifer ans Werk, sondern auch in der ihm eigenen Umsicht und Gewissenhaftigkeit. Mittelpunkte des Gemeindelebens waren die sehr gut besuchten Gottesdienste und Bibelstunden. Und auch in Gemarke fesselte Immer die Zuhörer durch die eindringliche Art seiner Verkündigung. „Wenn er predigte", so Robert Steiner, „dann kannte er keine Leisetreterei. Er ‚nannte die Dinge beim Namen'. Viele Gemeindeglieder erinnerten sich später an manche seiner Predigten und konnten noch Sätze aus ihnen zitieren." Der spätere Bundespräsident Johannes Rau, der ebenfalls im Klingenholl aufwuchs und mit seinen Eltern zur Gemarker Gemeinde gehörte und als Kind Karl Immer auch persönlich kannte, urteilt: „Karl Immer war glaubwürdig. Vollmacht lag nicht nur im bloßen rhetorischen Talent, sondern in der Übereinstimmung von Reden und Tun, in der unpathetischen Bereitschaft, einzustehen dafür, dass befreiender Glaube nicht entlässt in die Beliebigkeit des Tagesgeschehens, sondern ermutigt zum klaren und klärenden, also auch zum die Geister scheidenden Wort. Dies Wort war kraftvoll, aber es konnte leise sein. Tapfer war es immer."

Zusätzlich zu seinem Gemeindedienst nahm Karl Immer eine ganze Reihe von übergemeindlichen Aufgaben wahr. So brachte er von 1927 an jedes Jahr den Neukirchener „Jugendfreund"-Kalender heraus und war von 1928 bis 1932 Schriftleiter der Zeitschrift „Jugendkraft". Außerdem arbeitete er im Pastoren-Gebetsbund (später Pfarrer-Gebetsbruderschaft) mit. Auch gehörte er dem Vorstand der Evangelistenschule Johanneum an. Während der Zeit des unseligen „Dritten Reiches" sollten dann noch weitere Dienste hinzukommen.

Karl Immer positioniert sich klar gegen die „Deutschen Christen"

Bei Beginn der Naziherrschaft in Deutschland (Anfang 1933) setzten viele Deutsche – und unter ihnen auch nicht wenige Christen – große Hoffnungen auf Adolf Hitler und seine Partei. In diese Begeisterung, die viele anfangs für den „Führer" empfanden, vermochte Karl Immer nicht einzustimmen, sondern war eher skeptisch. (Leni Immer: „Er hatte das Buch ‚Mein Kampf' gelesen und wusste mehr über diesen Mann Adolf Hitler.")(1)

Als die nazihörige „Glaubensbewegung Deutsche Christen" (DC), die ein „artgemäßes" und „positives" Christentum propagierte, daranging, die kirchlichen Leitungsgremien personell zu unterwandern und überdies die neu formierte „Reichskirche" in Gestalt des neuen DC-Reichsbischofs Ludwig Müller dem Führerprinzip unterwerfen wollte –, da war für Karl Immer eine rote Linie überschritten. Erst recht hatte nach seiner Ansicht die neue „Glaubensbewegung" auf einer Großkundgebung im Berliner Sportpalast am 13. November 1933 durch die berüchtigte Rede ihres Berliner Gauobmanns Reinhold Krause „sich selbst entlarvt" (so seine Meinung, als er die weitverbreitete Rede gelesen hatte). In Krauses programmatischer Ansprache hieß es ungeschminkt: „Der Strom der in die Kirche Zurückkehrenden muss erst gewonnen werden. Dazu ist Heimatgefühl notwendig, und der erste Schritt zu diesem Heimischwerden ist Befreiung von allem Undeutschen im Gottesdienst und im Bekenntnismäßigen. Befreiung vom Alten Testament und seiner jüdischen Lohnmoral, von diesen Viehhändler- und Zuhältergeschichten." Und: „Unsere Religion ist die Ehre der Nation im Sinne eines kämpfenden, heldischen Christentums. (…) Wenn wir Nationalsozialisten uns schämen, eine Krawatte vom Juden zu kaufen, dann müssten wir uns erst recht schämen, irgendetwas, das zu unserer Seele spricht (…), vom Juden anzunehmen. Hierher gehört auch, dass unsere Kirche keine Menschen judenblütiger Art mehr in ihren Reihen aufnehmen darf. Wir (…) haben immer wieder betont: judenblütige Menschen gehören nicht in die deutsche Volkskirche, weder auf die Kanzel, noch unter die Kanzel."

Mit aller Kraft und Macht stemmt sich Karl Immer gegen den Einfluss und die Irrlehren der Deutschen Christen und die Versuche des totalen Staates, die auf eine Gleichschaltung der Evangelischen Kirche(n) hinzielten. Anfang Herbst 1933 ruft er den „Coetus reformierter Prediger" ins Leben.(2) Schon bald schließen sich ihm auch lutherische und unierte Pfarrer und Presbyter an. Die Bezeichnung „coetus" (lat. = Zusammenkunft, Versammlung") war gewissermaßen ein Tarnname, den Karl Immer seinen Kindern so erklärte: „Ihr wisst doch, dass kein neuer Verein gegründet werden darf, der nicht ein NS-Verein ist. Ihr wisst, dass keine Seite gedruckt werden darf, die nicht von den Organen der Regierung geprüft wurde. Da lasse ich eben den ‚Coetus reformierter Prediger', den der vertriebene polnische Reformator Johannes a Lasco im Jahre 1544 dem Emder Pfarrkreis gegeben hat, wieder aufleben." Immer scheint viel von dem ostfriesischen Reformator gehalten zu haben und hatte sich dessen Ausspruch: „Dass ich lebe, ist nicht nötig; sehr nötig aber ist, dass ich der Kirche Christi beistehe" zu seinem eigenen Motto und Lieblingswort gemacht.(3)

Sinn und Zweck des Coetus beschrieb Karl Immer noch vor der ersten Sitzung am 13. Oktober 1933 so: „Ausgangspunkt für unsern Zusammenschluss ist die Not der Kirche, insonderheit der Zustand der Pastorenschaft, deren theologische Ahnungslosigkeit und charakterliche Brüchigkeit uns tief beschämt. Der Sinn eines Zusammenschlusses reformierter Prediger in Deutschland besteht darin, diejenigen Diener am Wort, die dem Zeitgeist nicht erlegen sind, um Wort und Sakrament zu sammeln zur gegenseitigen Erziehung und zur Fürsorge im Amt durch Gebet, tägliche Vertiefung in Gottes Wort, ernste theologische Arbeit und monatliche Gemein-schaft der Brüder. (...) Wir erklären, dass wir die Kirchenwahlen vom Juli 1933 und die durch sie gebildeten Körperschaften, einschließlich der Generalsynode, für ungeistlich und dem Bekenntnis wider-sprechend ansehen und deshalb ihre Gesetze und Beschlüsse nicht anerkennen können. Die nach Gottes Wort reformierten Gemeinden werden sich mit einem Kirchenbau auf der Grundlage politischer Gewaltmethoden niemals abfinden." Zum Vorsitzenden des Coetus wurde Karl Immer gewählt. Auch war er für die Rundbriefe und deren Verbreitung zuständig. Die Coetustreffen und -schreiben hielten nicht nur die Gemeinschaft und Verbindung der Coetusmit-glieder untereinander aufrecht, sondern sie riefen diese auch immer wieder zu Treue und Standfestigkeit im Kirchenkampf auf. Sie gewannen schon bald eine nicht zu unterschätzende Bedeutung in der Bekennenden Kirche.

Seit Ende 1933 begann Karl Immer auch sogenannte „Gemeindetage unter dem Wort" zu organisieren – nicht nur in Barmen, sondern auch an anderen Orten. Auf diesen Veranstaltungen kamen Hunderte bis viele Tausend Christen zusammen, die unter den belastenden kirchlichen Verhältnissen in jener Zeit litten und sich durch die Verkündigung der Vertreter der Bekennenden Kirche Trost und Glaubensstärkung, Orientierung und Aufklärung erhofften.

Als am Neujahrstag 1934 die Kinder Karl Eduard und Leni Immer ihren Vater auf dem Weg zum Gottesdienst in der Immanuelkirche begleiten, erleben sie den Gemarker Pastor als auffallend ernst. Dieser teilt seinen Kindern dann auch mit, dass sich der „Reichsbischof" Ludwig Müller mit dem HJ-Führer Baldur von Schirach getroffen und die Eingliederung der evangelischen Jugendwerke in die Hitlerjugend vereinbart habe. Und so lässt wenig später Immer in seiner Predigt die vielen Gottesdienstbesucher wissen: „Wenn die Einordnung der christlichen Jugendverbände nicht rückgängig gemacht wird, können wir es bald aus dem Mund unserer Kinder hören, dass das Heil nicht in Jesus Christus, sondern in Blut und Rasse, in artgemäßem Glauben zu finden ist." Und dann folgt der Satz, der sich bald wie ein Lauffeuer in ganz Barmen verbreiten sollte (zumindest in seiner verkürzten, die ersten drei Wörter weglassenden Form) und dessen Wortwahl sogar Immers eigene Ehefrau erschreckte: „Mit dieser Eingliederung", so der unerschrockene Gottesmann, „ist die Kirche zur Hure des Staates geworden." Ein Mitglied der Deutschen Christen meldet die in seinen Augen skandalöse Aussage dem Konsistorium in Koblenz, der obersten Kirchenbehörde im Rheinland. Diese nimmt Immers Predigt zum Anlass, ihn einige Wochen später in den einstweiligen Ruhestand zu versetzen. Doch das Presbyterium der Gemeinde spricht ihrem Pastor das Vertrauen aus und beauftragt ihn, auch weiterhin seinen Dienst gemäß seinem Amtsgelübde und dem Wort Gottes auszuüben. Auch erklärt es sich bereit, für seine Familie zu sorgen. Das Konsistorium selbst hob schließlich nach einem Jahr den Ruhestandsbescheid wieder auf.

Wegbereiter der Barmer Bekenntnissynode und „Pressebischof" der Bekennenden Kirche

Die im Jahr 1933 offiziellen kirchlichen Synoden in Deutschland standen in der Regel unter dem unheilvollen Einfluss der Deutschen Christen. Auch aus diesem Grund lud Karl Immer zusammen mit anderen Gesinnungsgenossen zu einer Freien Reformierten Synode am 3. und 4. Januar 1934 nach Barmen-Gemarke ein. In der dort von Karl Barth verfassten Entschließung wird unter anderem die Übernahme des staatlichen Arierparagraphen in die Kirche abgelehnt und überhaupt allen Versuchen einer Gleichschaltung der Kirche widersprochen. Laut Tagungsprotokoll forderte Karl Immer in einer Wortmeldung: „Die Verantwortung zwingt uns, klar zu sagen, wo die Totalität des Staates ihre Grenze hat. Dieser Kampf muss im Land der Reformation exemplarisch durchgekämpft werden."

Am 22. April 1934 wurde im Ulmer Münster im Rahmen eines Bekenntnisgottesdienstes eine Erklärung veröffentlicht, die eine Bekenntnisgemeinschaft – bestehend aus dem von Martin Niemöller gegründeten Pfarrernotbund, freien evangelischen Synoden und den Bischöfen der „intakten", noch nicht von den Deutschen Christen dominierten Landeskirchen – verfasst hatte. Diese Erklärung war zwar nur äußerst knapp formuliert und stellte noch kein eigenes Programm oder ein eigenes Bekenntnis dar. Da in ihr aber die zusammengekommene Bekenntnisgemeinschaft quasi einen Vertretungsanspruch der „rechtmäßigen evangelischen Kirche" erhob, wurde sie richtungsweisend für das Selbstverständnis und das weitere Auftreten dieser innerkirchlichen Oppositionsbewegung und markierte damit den eigentlichen Beginn der „Bekennenden Kirche" (BK).

Wenngleich ein von der Bekenntnisgemeinschaft eingesetzter „Bruderrat" eine reichsweite Bekenntnissynode vorbereiten sollte, so war doch – wie schon bei der Freien Reformierten Synode ein knappes halbes Jahr zuvor – Karl Immer auch diesmal an der Durchführung dieser kirchenpolitisch so wichtigen Veranstaltung wesentlich beteiligt. „Unvergesslich ist mir das Augenzwinkern", weiß Leni Immer zu berichten, „mit dem mein Vater vom Zustandekommen der Synode erzählte. Er habe dem bayerischen Bischof Meiser vorgeschlagen, die Synode in München stattfinden zu lassen. Aber der habe abgewinkt. ‚Unsere Gemeinden in Bayern sind auf solch ein Ereignis noch nicht vorbereitet. Ich möchte eher an Wuppertal denken.' Da lud mein Vater die Synode in seine Gemeinde Gemarke ein. Für Freiquartiere und Verpflegung würde gesorgt sein. Er übernahm auch die Berichterstattung, zwei Hefte, die illegal gedruckt werden mussten."

Und so fand die Bekenntnissynode – die erste von insgesamt vier Bekenntnissynoden der Bekennenden Kirche – vom 29. bis 31. Mai 1934 in der Barmen-Gemarker Kirche statt. An ihr nahmen BK-Synodale (Lutheraner, Reformierte, Unierte) aus 25 Landeskirchen teil. Sie besprachen und verabschiedeten eine „Theologische Erklärung", die in ihren wesentlichen Inhalten bereits zuvor von Karl Barth (unter Mitwirkung von Hans Asmussen und Thomas Breit) entworfen worden war. Die „Barmer Theologische Erklärung" sollte als bedeutsame Bekenntnisschrift nicht nur den BK-Angehörigen Vergewisserung ihres Glaubens und Orientierung ihres (kirchenpolitischen) Standortes und Standpunktes geben, sondern sie wollte überhaupt den durch nationalsozialistische Ideologie und Einflussnahme gefährdeten Kirchen einen geistlichen und theologischen Kompass liefern und sie vor Verblendung und Anpassung bewahren.

Gleich der erste Artikel der insgesamt sechs Thesen der „Theologischen Erklärung" hat es in sich und sorgt für klare Fronten. Nach Voranstellung der beiden Jesusworte „Ich bin der Weg und die Wahrheit und das Leben; niemand kommt zum Vater denn durch mich (Joh. 14,6)" und „Wahrlich, wahrlich ich sage euch: Wer nicht zur Tür hineingeht in den Schafstall, sondern steigt anderswo hinein, der ist ein Dieb und ein Mörder. Ich bin die Tür; so jemand durch mich eingeht, der wird selig werden (Joh. 10,1.9)", heißt es anschließend unmissverständlich: „Jesus Christus, wie er uns in der Heiligen Schrift bezeugt wird, ist das eine Wort Gottes, das wir zu hören, dem wir im Leben und im Sterben zu vertrauen und zu gehorchen haben. Wir verwerfen die falsche Lehre, als könne und müsse die Kirche als Quelle ihrer Verkündigung außer und neben diesem einen Worte Gottes auch noch andere Ereignisse und Mächte, Gestalten und Wahrheiten als Gottes Offenbarung anerkennen."(4)

Karl Immer wurde auf der Barmer Bekenntnissynode in den Reichsbruderrat und von der Synode der evangelischen Kirche der altpreußischen Union auch in deren Bruderrat gewählt. Er fand auf diesen Bruderratssitzungen, die mit vielen Reisen verbunden waren, nicht nur „meist ein gutes seelsorgerliches Wort, das weiter half" (Robert Steiner), sondern er war es auch, der dafür Sorge trug, dass die Beschlüsse und Verlautbarungen der Bekennenden Kirche (aber auch die Mitteilungsschriften des Coetus(5)) gedruckt wurden und eine weite Verbreitung erfuhren. Kein Wunder, dass man Karl Immer schon bald als „Pressebischof" der Bekennenden Kirche bezeichnete und das Gemarker Pfarrhaus als „unseres Herrgotts Kanzlei". Doch dieser für die reibungslose Kommunikation der BK so immens wichtige Dienst war nicht nur zeitraubend, er war auch alles andere als ungefährlich. Er geschah in Gefahr, in Bedrohung und unter Missachtung von Verboten. Oft mussten ideenreiche Wege und Lösungen gefunden werden, damit die Schriften überhaupt vervielfältigt und versandt werden konnten.

Verhasst und geschmäht von den Nazis

Am 29. März 1936 wurde in Deutschland ein neuer Reichstag gewählt. Bei dieser Wahl sollte zugleich dem zuvor erfolgten Einmarsch deutscher Truppen in die entmilitarisierte Zone des Rheinlands zugestimmt werden. Karl Immer sieht sich in einem Gewissenskonflikt, da er mit seiner Ja-Stimme auch automatisch Politiker wie den NS-Ideologen Alfred Rosenberg, den Reichsjugendführer Baldur von Schirach oder den Judenhetzer Julius Streicher wählen würde. Er beschließt, nicht an der Wahl teilzunehmen – und entfesselt damit einen Sturm der Entrüstung und des Hasses. Diesen Vorgang schildert Leni Fischer aus eigenem Erleben so: „Dann gab es einen furchtbaren Aufruhr. Wir hatten die Klingel abgestellt, aber vor dem Haus hörten wir die Sprechchöre der SA und der HJ: ‚Wir wählen unseren Führer! Pastor Immer, du hast noch nicht gewählt!' Das ging so bis abends sechs Uhr. Aber in der Nacht kamen sie wieder. Mit riesengroßen Buchstaben malten sie über die ganze Front des Hauses: *Hier wohnt Volksverräter Immer.* Dann warfen sie große Steine durch die Fenster. Einige Steine flogen in das Kinderzimmer, in dem Alida und Udo schliefen. Am nächsten Tag wurde der Aufruhr immer größer. Hunderte von aufgeregten Menschen standen vor unserem Haus.

Als mein Vater zu einer Beerdigung musste und mitten durch die Volksmenge hindurch ging, riefen ihm die Menschen nach: ‚Judas Ischariot'."

Am Nachmittag desselben Tages beschließt Karl Immer für kurze Zeit mit seiner Familie bei seinen Schwestern, die in Bethel wohnten, unterzutauchen. („Um die Menschen nicht noch länger zu reizen.") Nachdem innerhalb weniger Tage wieder Ruhe vor dem Pfarrhaus eingekehrt war und der Pöbel sich verzogen hatte, kamen die Immers nach Wuppertal zurück.

Worin aber hatte der eigentliche Konflikt Immers gelegen, der ihn zum Wahlboykott getrieben hatte? Seinem in Berlin wohnenden Amtskollegen Martin Albertz (und über ihn der BK-Leitung) erklärte der Gemarker Pastor seine Entscheidung wenig später u.a. so: „1. Das, was mich bei der Wahl vom 29. März zuerst und vor allem bedrückte, war die Unwahrhaftigkeit des Ansatzes. Ein außenpolitischer Anlass wurde benutzt, um durch die Neuwahl des Reichstages der gesamten Regierung ein Placet des Volkes zu verschaffen. (…) Diese Unlauterkeit des Ansatzes wirkte sich dann auch in der Wahl selber aus. Für ein Nein war kein Platz vorgesehen. (…) – 2. Dass für mich als Christen und Diener am Wort ein Ja zu dieser Liste nicht in Frage kam, muss ich noch begründen. Mit diesem Ja hätte ich einerseits den totalen Staat mit seinem Totalitätsanspruch über das gesamte Leben der Nation bejaht, also auch die Gleichschaltung der Kirche, also auch die Ausschaltung der Gewissensfreiheit und der Freiheit der Forschung, also auch die Aufhebung des Rechts (Recht ist, was dem Volke nützt, Recht ist, was der Führer will). Damit hätte ich andererseits auch ganz bestimmten Personen mein Ja gegeben, vor allem Alfred Rosenberg, Minister Kerrl, Julius Streicher, Baldur von Schirach."

Die große Bedeutung, die Karl Immer für die Bekennende Kirche zukam, war den Nazis bzw. der Gestapo durchaus bewusst. Kein Wunder, dass Mitarbeiter der Gestapo seine Predigten mitschrieben, sein Telefon zeitweise abhörten oder zu Verhören und Hausdurchsuchungen bei ihm auftauchten. In einem Gutachten der Staatspolizeistelle Düsseldorf vom 25. Mai 1936 über Karl Immer heißt es, dass dieser von Anfang an in der „Bekenntnisfront eine überragende Stellung" eingenommen und sich in seinen Schriften in „staatsabträglicher Weise" positioniert habe. Auch wurde festgehalten, dass er „im Laufe der Zeit (…) in der Herausgabe derartiger Schriften eine gewisse Virtuosität entwickelt" habe. Diese ermögliche es ihm, „mehr und mehr derartig staatsabträgliche Druckschriften usw. dem behördlichen Zugriff zu entziehen". Und auch das allgemeine Fazit am Schluss des Gutachtens ist eindeutig: „Pfarrer Immer", so wird festgestellt, „ist überhaupt einer der radikalsten Verfechter der reformierten Kirchenlehre. Die allgemeine Entwicklung der politischen Verhältnisse in Deutschland nach der Machtübernahme durch den Nationalsozialismus hat es infolgedessen zwangsläufig mit sich gebracht, dass die Haltung des Pfarrers Immer in kirchlichen Fragen nicht nur auf das eigentliche Kirchengebiet beschränkt blieb, sondern mehr und mehr auf allgemein-politische Angelegenheiten übergriff. Sichtbare Beweise findet diese Tatsache in der restlosen Bejahung der Haltung des bekannten Professors Barth in Basel durch Pfarrer Immer sowie darin, dass Pfarrer Immer am 29.3.1936 sich der Stimmabgabe bei der Reichstagswahl enthalten hat. (…)"

Am 26. Mai 1937 erhält Karl Immer ein Redeverbot für das ganze Deutsche Reich. Nur noch in seiner Gemeinde in Gemarke ist es ihm gestattet zu predigen. Doch es kommt noch schlimmer: Am 5. August desselben Jahres wird er von Gestapobeamten verhaftet und noch am selben Tag nach Berlin in das Polizeigefängnis am Alexanderplatz gebracht. Dort steckt man ihn in eine Massenzelle zu vielen anderen Gefangenen.

Die äußerst mangelhafte Ernährung, der Mangel an Bewegung, guter Luft und Sonne, die Unruhe im Gefängnis am Tag und in der Nacht, aber auch das Geschick seiner Mitgefangenen – das alles setzt Immer sehr zu. Und als er dann auch noch nach der zweiten Vernehmung die demütigende Prozedur der Abnahme seiner Fingerabdrücke und der fotografischen Gesichtsaufnahme über sich ergehen lassen muss – wobei ihm so recht das Wort über Jesus, dem Lamm Gottes, bewusst wird: „Er ist unter die Übeltäter gerechnet" –, da erleidet er einen Nervenzusammenbruch und einen Schlaganfall.

Die völlig überforderte Staatspolizei informiert die in der Hauptstadt lebende Pfarrfrau Marianne Albertz. Sie und ihr zu dieser Zeit in Untersuchungshaft sitzender Mann Martin gelten als Freunde des

Wuppertaler Pfarrers. Marianne Albertz ist es dann auch, die dafür sorgt, dass Immer unter ihrer Begleitung in einem Krankenwagen in das evangelische Martin-Luther-Krankenhaus transportiert wird. Später schrieb sie über jenes Ereignis: „(…) man war sichtlich erschrocken: So hatte man sich die Wirkung der Verhaftung nicht gedacht, und ich spürte deutlich, wie den Vertretern der Stapo damals doch eine Ahnung von dem lebendig war, wen sie in Karl Immer vor sich hatten. Und dann war es soweit – ich durfte zu ihm. Ein langer, menschenleerer Korridor – darauf, verlassen, eine Tragbahre mit dem Freunde. Als ich leise herantrat, sah ich den Jammer: ein zerschlagenes Menschenbild – so schmerzensreich! Aber als ich neben ihm kniete und sagte: ‚Da bin ich', da wurde aus dem notvollen Angesicht ein wunderbar leuchtendes. Er kam aus der Fremde heim. Doch auf der Fahrt im Krankenwagen, da brach es dann leise hervor, was auf ihm lastete: Sie haben mich fotografiert – für das Verbrecheralbum; sie haben meinen Fingerabdruck genommen – für das Verbrecheralbum."

Nach der Entlassung aus dem Krankenhaus und einem Erholungsurlaub in Wyk auf Föhr kehrte Karl Immer am 2. Oktober 1937 wieder nach Hause zurück. Aber seine Gesundheit war gebrochen. Dennoch nahm er nach einigen Wochen seinen Dienst wieder auf. Seine Frau hatte im Herbst desselben Jahres einen Brief von einem Gefangenen aus jenem Berliner Gefängnis erhalten, in dem er eingesessen hatte. In ihm ließ der Briefschreiber Tabea Immer wissen, dass die Zeit mit ihrem Mann für alle Gefangenen unvergesslich sei. Er sei ihnen wie ein Vater gewesen, der für alle ein gutes Wort gehabt und sein letztes Stück Brot mit ihnen geteilt habe.

Bis zuletzt mutig und standhaft

Am 9. November 1938 werden auch in Wuppertal die Synagogen zerstört und in Brand gesetzt und die Geschäfte der Juden geplündert und demoliert. Daraufhin gestaltet Karl Immer an dem darauffolgenden Sonntag den Gottesdienst in der Gemarker Kirche zu einem regelrechten Bußgottesdienst. Gleich zu Beginn weist er die vielen Gottesdienstteilnehmer darauf hin, dass nicht weit von ihrer Kirche das Wort Gottes verbrannt worden sei. (Immer spielte damit auf den Brand der Synagoge in der Zur-Scheuren-Straße an.) Vor der Predigt verliest er dann eine ganze Reihe bewusst ausgewählter Bibeltexte, die einen nicht zu übersehenen Bezug auf das jüdische Volk und die erfolgte Pogromnacht nehmen. Unter ihnen ist auch das Gleichnis vom barmherzigen Samariter oder jenes Gotteswort, das einst der Prophet Sacharja dem Volk Israel kundtat und das eine Warnung an alle Feinde Israels beinhaltet: „Denn so spricht der Herr Zebaoth, der mich gesandt hat, über die Völker, die euch beraubt haben: ‚Wer euch antastet, der tastet meinen Augapfel an.'(Sach 2,12)" In seiner Predigt sagt Immer: „Seht ihr es nicht, dass die Dämonen des Teufels heute losgelassen sind?" Gegenüber dem hannoverschen Landesbischof Marahrens wird er später bezüglich der Vorgänge vom 9. November 1938 von einer „Blutschuld" sprechen.

Im September 1939 brach der Zweite Weltkrieg aus. Wie sich Udo Smidt erinnert, mutmaßte Karl Immer: „Tyrannen enden im Krieg. Dieser Krieg aber hat viel oder alles zu tun mit dem Bundesvolk des Alten und Neuen Testaments." Als im Krieg viele Holländer zwangs-verpflichtet in Wuppertal arbeiten mussten, war es für Immer eine Selbstverständlichkeit, sie an den Sonntagen in das Gemarker Gemeindehaus zu einer Teestunde einzuladen, um ihnen Gemein-schaft zu bieten und mit dem Wort Gottes zu dienen. Im Buß- und Bettagsgottesdienst des Jahres 1943, in dem Jahr also, als Wuppertal erstmalig von fürchterlichen Luftangriffen heimgesucht wurde, lässt er die Gemeinde wissen: „Die Wendung zum Verderben (Immer meint hier die Abkehr von den Geboten Gottes im deutschen Volk; M.H.) bringt allemal der Zorn des heiligen Gottes. Denn er kann denen, die ihn und sein Wort und seine Gebote verachten, nicht gnädig sein. Der lebendige Gott ist auch der heilige Gott. Gott lässt sich nicht spotten; was der Mensch sät, das wird er ernten. (…) So lasst uns denn einer den andern alle Tage ermahnen: ‚Heute, so ihr seine Stimme hört, so verstocket eure Herzen nicht.'"(6)

Karl Immer, der am 6. Juni 1944 an den Folgen eines weiteren Schlaganfalls verstorben ist, war ein außergewöhnlicher Mensch und Christ und von einer auffallenden Geschlossenheit in seinem Glauben und Glaubensvollzug gewesen. Für Helmut Thielicke war er jemand, der „die Dämonen auch gegen den Wind roch" und der „über das Charisma, die Geister scheiden zu können", verfügt habe. Der schon erwähnte Martin Albertz, Weggenosse Immers im Kirchenkampf, meinte, dass dieser „mit Niemöller zusammen derjenige unter uns (war), der am sichersten durch alles Blendwerk der Propaganda und durch alle Verschalungen der Diplomatie hindurchsah". Und seine Frau, Marianne Albertz, war der Ansicht, dass für sie und ihren Mann Karl Immer „der einzige Mensch (war), der nicht ersetzt worden ist, über dem sich die Lücke nie schloss". Immers Schwager Udo Smidt wiederum schreibt: „Wenn wir an ihn (gemeint ist Karl Immer; M.H.) denken, wachen nicht nur Erinnerungen auf, sondern es packt uns die ansteckende und unbekümmerte Freude seines Wirkens, das in einer seltenen Kühnheit und Einfalt und Weite durch Gottes Wort und Geist gebunden und bestimmt wurde."*

* Dieses Kapitel stellt eine gekürzte Version dar von den Karl Immer-Lebensbildern in: Matthias Hilbert, „Ostfrieslands leidenschaftliche Pastoren. Sieben Pastorenporträts". Adlerstein Verlag/BoD 2021 sowie Matthias Hilbert, „Unvergessene Wuppertaler und oberbergische Glaubensboten. Zwölf Personenporträts". Dillenburg 2022.
Weiteres zu Karl Immers Elternhaus, Kindheit und Jugend sowie seinem Pastorendienst in Rysum und die dortige Erweckung ist dem Buch „Ostfrieslands leidenschaftliche Pastoren" zu entnehmen.

Anmerkungen

(1) Die anfängliche Kritiklosigkeit so mancher Christen gegenüber Hitler erklärt Leni Immer so: „Adolf Hitler sprach in seinen Reden immer wieder von dem ‚positiven Christentum' und davon, dass er Menschen aus beiden großen Kirchen als seine besten Mitarbeiter brauche. Damals bildeten sich in christlichen Kreisen fromme Legenden, die wirklich geglaubt wurden." So wurde etwa kolportiert, dass Hitler täglich die Herrnhuter Losungen benutze und dass der fromme „Posaunengeneral" Kuhlo ihm auf dem Obersalzberg Choräle vorgespielt habe. „Wenn man dann", so Leni Immer, „von rohen Gewalttaten hörte, die von SA-Männern begangen wurden, dann war die stehende Redewendung: ‚Der Führer weiß das nicht...' oder ‚Wenn das der Führer wüsste!'" Sie selbst hatte noch als 17-jährige Jugendliche bei Hitlers Ernennung zum Reichskanzler in ihrem Tagebuch vermerkt: „Ich erlebe ganz bewusst diese große Zeit, in der Deutschland aufgewacht ist, und jeder sich nicht mehr als ein treibendes Blatt, sondern als ein Glied des großen Ganzen empfindet."

(2) Nach Jürgen Hoogstraat „(verband) die Neugründung des deutschen Coetus ostfriesisch geprägtes Reformiertentum mit der pietistischen Frömmigkeit des Wuppertales. Der bedeutende Theologe Karl Barth hatte enge Beziehungen zu den Mitgliedern dieser Gruppe. Zu Karl Barth stieß damit

ein pietistisch geprägter Kreis von Predigern, der seine Wurzeln tief in der reformierten Kirche des Rheinlandes und Ostfrieslands hatte. Der Coetus der reformierten Prediger stand in ständigem Kontakt zur Bekennenden Kirche Ostfrieslands." – Zu dem von Hoogstraat erwähnten „pietistisch geprägten Kreis von Predigern", die damals, aus Ostfriesland stammend, in Wuppertal wirkten und im Coetus wie auch in der BK eine nicht unbedeutende Stellung einnahmen, zählten neben Karl Immer nicht zuletzt auch Harmannus Obendiek, Hermann Klugkist Hesse sowie Hermann Albert Hesse.

(3) Bezeichnend für Immers Mut, Entschlossenheit und Entschiedenheit im Kirchenkampf ist nicht nur, dass er in dem Berichtsheft über die Freie Reformierte Synode zu Barmen-Gemarke am 3./4. Januar 1934 auf das Titelblatt das Motto Zwinglis setzen ließ: „Tut um Gottes Willen etwas Tapferes", sondern bezeichnend für seine Widerstandsbereitschaft ist auch die folgende Passage in einer Ansprache von Hans-Ulrich Stephan in einem Gedenkgottesdienst für Karl Immer am 1. Mai 1988: „Als Ende 1934 manche Mitglieder der Bekennenden Kirche das Ende des Kirchenkampfes herbeisehnten, schrieb er (= Immer; M.H.) im Hinblick auf sie: ‚... nun kommen die vielen, deren Friedens- und Harmoniebedürfnis größer ist als der Hunger nach Wahrheit und als die Furcht vor dem König aller Könige. Ihnen rufen wir zu: ‚Wer blöde und verzagt ist, der kehre um' (Richter 7,3). Unsere Reformatoren haben ein Menschenalter in Unruhe und Kampf, in Verkennung und zum Teil in Verbannung leben müssen, und wir sollten bereits nach 1 ½ Jahren verzagen? Nur vor einem sollten wir uns hüten wie die Pest: dass die säkulare Gesinnung bei uns wie bei so vielen den Sieg davontrage.' Durch diese Haltung wurde Bruder Immer zum ‚Zugpferd' im Gemarker Presbyterium, im Reichsbruderrat der Bekennenden Kirche, im Preußischen Bruderrat und bei der Herausgabe der Briefe des Coetus Reformierter Prediger. (...) In einer seiner Predigten fragte Bruder Immer selbst: ‚Worin besteht das Kämpfen?' Seine Antwort: ‚In erster Linie im Gebet. Danach kommt das Zeugnis in Wort und Wandel.'"

Bei der Beerdigung von Karl Immer am 13.6.1944 hatte sein Freund und Amtskollege Harmannus Obendiek in seiner Trauerpredigt über den Verstorbenen gemeint, „dass in seiner Nähe, abgesehen von allen praktischen Wegweisungen, es uns immer ein wenig leicht gemacht wurde zu glauben, das heißt praktisch: der Angst abzusagen, jener Feigheit zu wehren, die aus der Todesfurcht kommt, als deren Knechte wir nach der Schrift empfunden werden."

(4) Die Barmer Theologische Erklärung (BTE) wurde nach 1945 von der Evangelischen Kirche in Deutschland (EKD) als wegweisendes Lehr- und Glaubenszeugnis in das Evangelische Gesangbuch aufgenommen. In

verschiedenen Mitgliedskirchen der EKD werden die Geistlichen bei ihrer Ordination auf dieses Bekenntnis verpflichtet. Bei einigen Reformierten Kirchen zählt die BTE zu den offiziellen Bekenntnisschriften.

Der Siegener Pfarrer Christian Schwark gibt im Zusammenhang mit der ersten These der Barmer Erklärung nachdenklich zu bedenken: „Die Geschichte der Kirche zeigt: Immer wieder hat sich die Kirche an ihre Umgebung angepasst. Ob im Mittelalter, in der Aufklärung oder im Nationalsozialismus. (…) Natürlich können wir heutige Entwicklungen nicht mit der Nazi-Zeit gleichsetzen. Aber es gibt doch Dinge, die im Prinzip ähnlich sind. (…) Auch heute ist es sehr anstößig zu sagen: ,Nur Jesus ist der Weg zu Gott.' (…) Und wie ist es mit den anderen ,Ereignissen' und ,Mächten'? Damals sprach man vom Nationalsozialismus als neuer Weltanschauung. Alles andere wurde als veraltet und rückständig hingestellt. So etwas Ähnliches kann man heute auch beobachten. (…) Da frage ich: Ist das, was heute gedacht wird, denn immer besser als das, was früher gedacht wurde? Sind wir besser oder klüger als unsere Vorfahren? (…) Von der Barmer Erklärung können wir lernen, alles zu prüfen (…) Entscheidend bei der Prüfung ist, dass wir den richtigen Maßstab haben. Also nicht fragen: Was ist heute modern? Was kommt heute bei der Mehrheit der Leute an? Sondern: Was steht in der Bibel? Und wir dürfen dabei nicht Jesus gegen die Bibel ausspielen. (…) Es bringt ja nichts, wenn wir einen Fantasie-Jesus haben. Der dann bei jedem anders aussieht. Darum betont die erste These: ,Jesus Christus, wie er uns in der Heiligen Schrift bezeugt wird'."

(5) In den Coetus-Briefen pflegte Immer sich derart entschieden zu äußern und eine so klare Sprache zu führen, dass sie nach seinem Freund, dem Berliner BK-Pfarrer Martin Albertz, „der Schrecken aller ängstlichen Gemüter in der Bekennenden Kirche" waren.

(6) In diesem Gottesdienst verlas Karl Immer während seiner Predigt auch ein Wort, das die Bekenntnissynode der Preußischen Kirche zum Bußtag verfasst hatte. Damit bekannte er sich gleichzeitig zu solch unmissver-ständlichen, politisch brisanten Aussagen wie diesen: „Durch unser Volk und selbst durch unsere evangelischen Gemeinden und Kirchen und christlichen Familien geht eine große, ständig wachsende Unsicherheit darüber, ob die heiligen 10 Gebote Gottes noch gültig sind. Viele lassen sie nicht mehr in ihrem unerbittlichen Ernst gelten, nicht wenige verwerfen sie offen. (…) Solche Verachtung Gottes und seiner heiligen Gebote ist eine große, erschreckend wachsende Not und Schuld. Denn die Heilige Schrift warnt: ,Irret euch nicht, Gott lässt sich nicht spotten. Denn was der Mensch sät, das wird er ernten' (Gal 6,7). Wir dürfen Gottes Wort nicht verkehren, das heilsame nicht unheilvoll (…) nennen lassen. Wir dürfen nicht

menschliche Gesetze und Ordnungen verherrlichen, als wären sie Gottes Werk. Die Kirche darf sich das Recht nicht nehmen lassen, Gottes heilige Gebote zu predigen. Nur wo sie die Übertretung der heiligen Gebote Gottes Sünde nennt, kann sie auch die Gnade Gottes und die Vergebung der Sünden, Heil und Seligkeit durch Christus verkündigen. (…) Wehe uns und unserem Volk, wenn wir, statt dem dreieinigen Gott die Ehre zu geben, menschliche Gedanken über Gott und Mächte dieser Welt zu selbstgewählten Götzen erheben. (…) Wehe uns und unserem Volk, wenn die Heilige Schrift als Judenbuch verläster (…) wird. (…) Wehe uns und unserem Volk, wenn die Kinder in Gegensatz zu den Eltern gebracht, die Autorität der Eltern geschmälert und ihre von Gott gesetzte Erziehung untergraben wird. (…) Wehe uns und unserem Volk, wenn das von Gott gegebene Leben für gering geachtet und der Mensch, nach dem Ebenbilde Gottes geschaffen, nur nach seinem Nutzen bewertet wird, wenn es für berechtigt gilt, Menschen zu töten, weil sie für lebensunwert gelten oder einer anderen Rasse angehören, wenn Hass und Unbarmherzigkeit sich breit machen. (…) Wehe uns und unserem Volk, wenn die Ehre des Menschen und sein guter Ruf verletzt werden und wenn menschlichen Zwecken auch Unwahrhaftigkeit und Betrug dienen dürfen. (…)"

Literatur- und Quellennachweis

Barmer Bekenntnissynode: https://de.wikipedia.org/wiki/Barmer_Bekenntnissynode
Barmer Theologische Erklärung: https://de.wikipedia.org/wiki/Barmer_Theologische_Erklärung
Deutsche Christen: https://de.wikipedia.org/wiki/Deutsche_Christen)
Herlyn, Gerrit:„Ich will euch trösten wie eine Mutter tröstet" – Gerrit Herlyn erzählt aus dem Leben seiner Mutter. Weener 1987
Herlyn, Gerrit: Zum Gedenken an Karl Immer. In: Sonntagsblatt für evangelisch-reformierte Gemeinden 9/1984, S. 5 u. 10/1984, S. 5
Hilbert, Matthias: Karl Immer und der christliche Widerstand. In: Ostfriesland Magazin 12/2022, S. 102-106
Hoogstraat, Jürgen: Karl Immer.
Ostfriesischelandschaft.de/fileadmin/user_upload/BIBLIOTHEK/BLO/Immer.pdf sowie BLO II, Aurich 1997, 186-188
Immer, Leni: Meine Jugend im Kirchenkampf. Stuttgart 1994 (2. Aufl.)
Immer, Karl: Heimatlicht auf den Weg junger Menschen. Moers 1934 (3. Aufl.)
Klappert, Bertold u. Norden, Günther van: Tut um Gottes Willen etwas Tapferes. Karl Immer im Kirchenkampf. Neukirchen-Vluyn 1989
Kleine, Rolf u. Spruck, Matthias: Johannes Rau. Eine Biographie. München 1999
Schwark, Christian: Jesus Christus ist das eine Wort Gottes. In: idea 4/2021, S. 20-22
Smidt, Udo: Wie das Licht nach der Nacht. Aus hellen Tagen einer Krummhörner Dorfgemeinde. Krummhörn-Visquard 2020 (Neuauflage des Originalausgabe „Im Morgenlicht" aus dem Jahr 1972)
Steiner, Robert: Karl Immer. In: Arno Pagel (Hg.): Er bricht die Bahn". Marburg 1979, 167-176
Ulmer Erklärung: https://de.wikipedia.org/wiki/Ulmer_Erklärung

Hermann Lange – Durch die Guillotine hingerichtet

Aktiv in der katholischen Jugendbewegung

Im Oktober 2018 wurde eine 70 Cent Sonderbriefmarke herausgegeben, die an den damals 75. Todestag der vier „Lübecker Märtyrer" (am 10. November 1943) erinnert. Bei den damals durch Hitlers Schergen hingerichteten Männern handelte es sich um einen evangelischen und drei katholische Geistliche, die im „Dritten Reich" Zivilcourage gezeigt und sich kritisch zu menschenverachtenden Verbrechen der Nationalsozialisten geäußert hatten. Unter den auf dem Postwertzeichen herausgestellten vier Namen befindet sich auch der des am 16. April 1912 in Leer geborenen Hermann Lange.

Dieser war das vierte Kind des aus Papenburg stammenden Seefahrtoberlehrers Christian Lange und seiner Frau Eleonora. 1913 zog die Familie nach Emden, wo Lange an die dortige Navigationsschule versetzt worden war. Nach dem Ersten Weltkrieg kehrten die Langes wieder nach Leer zurück. Hier besuchte Hermann seit Ostern 1922 das Gymnasium. Bereits in der Sexta, seinem ersten Jahr auf der weiterführenden Schule, stand für den Jungen fest, dass er einmal Priester werden wollte. So wie sein von ihm verehrter gleichnamiger Patenonkel, der in Bremen als Pfarrer wirkte und ein sozial und politisch engagierter Mann war. 1931 wurde er als Domkapitular nach Osnabrück berufen.

Hermann Lange hat sehr an seinen Eltern gehangen, ganz besonders aber an seinem Vater. Das mag sicherlich auch dazu beigetragen haben, dass sein Gottesbild (Gott als guter Vater, zu dem man kommen und dem man wie ein Kind vertrauen darf) ganz besonders positiv besetzt ist und sich in einer innigen, vertrauensvollen Beziehung ausdrückt. So wird er später aus der Haftanstalt in Hamburg seinen Eltern mitteilen: „Wie froh und geborgen war ich früher, wenn ich meine kleinen Patschhändchen in des Vaters ‚Pranken' legen konnte – das ist nur ein kleiner Vergleich! Wir sind immer, so oder so, geborgen in den Händen des gütigen Vatergottes, warum sollen wir denn sorgen! Er meint es besser mit uns als wir selbst!" (Br. v. 25.7.43)

Die Eltern Hermann Langes gehörten in Leer mit ihren am Ende fünf Kindern zur katholischen Pfarrkirche St. Michael. Schon früh wurde Hermann Mitglied der katholischen Jugendorganisation „Bund Neudeutschland" (ND), in der er sich voller Begeisterung betätigte. Der ND war ein Verband katholischer Schüler an Gymnasien, der sich – so Peter Voswinckel – „eine ‚Neue Lebensgestaltung in Christus' auf die Fahnen geschrieben hatte". Der Verband unterstützte die von dem Theologen Romano Guardini vertretene Liturgiereformbewegung und versuchte den jungen Menschen durch gemeinsame Andachten und Gesprächskreise, durch Fahrten und Zeltlager eine christliche Prägung zu geben. In seinem Lebenslauf, den Hermann Lange wenige Monate vor seinem Abitur verfassen musste, erwähnt er, dass auf den in den Ferien durchgeführten Fahrten „Gemeinschaftsgefühl, Sinn für Einfachheit und natürliche Dinge" geweckt worden seien und er zugleich „die engere und weitere Heimat und die Menschen mit ihren Eigenarten, Sitten und Gebräuchen" kennengelernt habe. Auch im Kolpingverein arbeitete der Jugendliche aktiv mit.

Bei seiner auffallenden Begabung, auf andere junge Menschen pädagogisch einzuwirken, wundert es nicht, dass Lange schon früh in der katholischen Jugendbewegung als Gruppenleiter eingesetzt wurde. Sein Gemeindepastor, der 1942 im KZ Dachau ums Leben gekommene Heinrich Schniers, attestierte ihm später in einem Führungszeugnis: „H.L. erfreut sich in der Gemeinde größter Wertschätzung. Ganz besonders freuen sich die Eltern, dass L. ihre schulpflichtigen und schulentlassenen Jugendlichen mit besonderer Hingabe und gutem Geschick in Gruppen religiös und scientell (bildungsmäßig; M.H.) betreut." Und Pfarrer Heinrich Große-Kreutzmann wusste bei der am 23.6.1946 in Leer erfolgten feierlichen Beisetzung Hermann Langes zu berichten, dass dieser, wenn er als Student in den Semesterferien nach Leer zurückkehrte, sogleich „von einer großen Schar Jungmänner umringt (wurde), denn überall verbreitete sich schnell die Kunde: ‚Hermann Lange ist da!'" Weiter führte der Leeraner Geistliche aus: „Mit großer Freude erinnern sich die jungen Männer noch heute der unvergesslichen Stunden, die sie im Zeltlager zusammen mit Hermann Lange, der ihnen Führer und Freund war, verlebt haben."

Dieser hatte im März 1933 – die Nationalsozialisten waren in Deutschland gerade an die Macht gekommen – am Staatlichen Gymnasium in Leer sein Abitur bestanden. In dem schon erwähnten Lebenslauf hatte der Oberprimaner zuvor mitgeteilt, dass ihm klar geworden sei, dass er sich nur für einen Beruf eignen würde: für die Theologie. Weiter schrieb er: „Der Gedanke an einen anderen Beruf ist mir nie gekommen. (…) Besonderes Interesse hegte ich für Religion und Geschichte. (…) Durch meine Mitarbeit in der Jugendbewegung, als Junge unter Jungen, fasste ich eine tiefe Liebe zur Jugend. Sie ließ auch den Entschluss in mir reif werden, Theologie zu studieren."

Mit dem Sommersemester 1933 beginnt Lange sein Theologie-studium in Münster. Nach Abschluss seines Studiums zieht er im Mai 1937 zur weiteren Ausbildung ins Priesterseminar in Osnabrück. Hier wird er am 17.12.1938 im Osnabrücker Dom zum Priester geweiht. Neun Tage später feiert er seine Heimatprimiz* in der St.-Michael-Kirche in Leer, bei der „Onkel Hermann" als Ehren-diakon fungiert. Im Februar 1939 übernimmt der junge Priester dann für kurze Zeit die Pfarrvertretung in Neustadtgödens. Im März und April wird er als Aushilfspriester in Lohne für einen erkrankten Pfarrer eingesetzt.

* Primiz ist eine von einem kath. Priester erstmalig zelebrierte Messe.

Überzeugend gelebter Glaube bleibt nicht ohne Folgen

Am 1. Juni 1939 kommt Lange als Adjunkt (Pfarrgehilfe) an die Herz-Jesu-Kirche nach Lübeck. Ein Jahr später wird er zum Vikar ernannt. In Lübeck bezieht Lange ein Zimmer im zweiten Stock des stattlichen Pfarrhauses, wo sechs Wochen zuvor bereits der Vikar Johannes Prassek eingezogen ist. Die „Wohngemeinschaft" kom-plettiert im September 1940 der Adjunkt Eduard Müller. Unterstellt sind die jungen Männer dem Lübecker Dechanten Albert Bültel.

Die drei Jungpriester ergänzen sich in ihrer unterschiedlichen Wesensart hervorragend. Hier der „Herzensmensch" Eduard Müller, dem die Jungengruppen und ein Gesellenkreis anvertraut sind. Daneben der extrovertierte, wagemutige und humorvolle Johannes Prassek. Im Pfarrhaus gibt er katholischen Oberschülern Religionsunterricht. Besonders aber liegen ihm nach Kriegsbeginn die polnischen Zwangsarbeiter am Herzen. Er lernt eigens Polnisch und versorgt sie heimlich mit Lebensmittelkarten, Kleidung und anderen brauchbaren Dingen.

Und schließlich Heinrich Lange. Ein eher stiller, nachdenklicher, „gesammelter" Typ. Theologisch ein Systematiker. Anfangs soll er die Messdiener ausbilden und betreuen. Später leitet er Soldaten- und Jungmännergruppen. In seinen sorgfältig ausgearbeiteten Predigten ist ihm die Verkündigung des Wortes Gottes besonders wichtig. Trotz seiner mehr introvertierten Art, ist er im Umgang mit anderen nicht weniger herzlich und zugewandt als Prassek oder Müller.

Alle drei Kapläne sind in der Gemeinde überaus beliebt. Man mag die eindringliche Art, wie sie predigen, man schätzt ihr seelsorgerliches Wirken. Die Menschen spüren und nehmen es den Dreien ab, dass der Glaube und die Bezeugung des christlichen Glaubens ihnen ein Herzensanliegen ist. Und sie nehmen wahr, dass die jungen Geistlichen auch (aus)leben, was sie verkündigen. Natürlichkeit, Menschlichkeit und Frömmigkeit bilden bei ihnen eine wohltuende Symbiose. Die Kapläne „erreichen" mit ihrer Botschaft die Menschen. An ihnen bestätigt sich das Wort Augustinus': „Nur wer selbst brennt, kann andere entzünden." Ein ehemaliges Mitglied aus einer von Lange geleiteten Gruppe bezeugte später: „Langes Predigten ließen immer wieder an dem inneren Feuer erkennen, wie alles an ihm gelebte Wirklichkeit war. (...) Durch seine Worte und sein lebendiges Vorbild legte er den Grundstein zu meinem heutigen Glaubensalter und, damals mir vielleicht noch nicht so bewusst, meiner völligen Hinwendung zum ungeteilten Dienst vor Gott. (...) Unsere Abende bei ihm waren stets von einer solchen Tiefe und einem solchen Gehalt, dass ich oft bis spät in die Nacht mit einem guten Freund, der den gleichen Heimweg hatte, noch darüber diskutierte. Seine besondere Vorliebe galt Paulus und Guardini."

Große Not aber macht den drei Priestern, wie der nationalsozialistische Staat mehr und mehr sein antichristliches Gesicht zeigt. Daher kopieren und verbreiten sie die Protestpredigten des Münsteraner Bischofs Graf von Galen, die dieser im Juli und August 1941 hielt und in denen er u.a. deutlich Stellung nimmt zu den

Euthanasieverbrechen der Nazis. Mit dem zu ihnen in Verbindung getretenen evangelischen Pastor Karl Friedrich Stellbrink tauschen sie regimekritische Flugschriften, Hirtenbriefe, Zeitungsberichte und Predigten aus. Auch verurteilen sie den von Hitler ausgelösten Angriffskrieg und hören „Feindsender" ab.

Prassek, Lange, Müller und Stellbrink, dieses interkonfessionelle Quartett oppositioneller Lübecker Geistlicher, fühlte sich nicht nur in seinen politischen Ansichten, sondern – bei allen bestehenden konfessionellen Unterschieden – auch im gemeinsamen Glauben verbunden. Diese Vier haben damals ganz konkret christliche Ökumene gelebt. Sie sind eine Bestätigung jener Meinung von Papst Johannes Paul II., der er einmal im Zusammenhang mit den Märtyrern des 20. Jahrhundert so Ausdruck gegeben hat: „Vereint in der (...) Hingabe ihres Lebens für das Reich Gottes sind diese unsere Brüder und Schwestern der bedeutendste Beweis dafür, dass in der Ganzhingabe seiner selbst an die Sache des Evangeliums jedes Element der Spaltung bewältigt und überwunden werden kann."

Es konnte nicht ausbleiben, dass die vier unangepassten Kirchen-männer ins Visier der Gestapo gerieten. Dieser gelingt es, einen vorgeblichen „Konvertiten" ins Pfarrhaus einzuschleusen, der ein Jahr lang Verdachtsmaterial gegen die Kapläne sammelt. Und dann schlägt der Überwachungsstaat zu. Nachdem bereits am 7. April 1942 Stellbrink verhaftet worden war, trifft es am 18. Mai auch Johannes Prassek. Am 15. Juni holt die Gestapo Hermann Lange ab und eine Woche später Eduard Müller. Auch nimmt die Gestapo 18 Laien fest, die z.T. durch die Gruppenabende in engerer Verbindung mit den Geistlichen standen.

Ein Scheinprozess, bei dem das Urteil vorab feststeht

Prassek und Müller werden im Marstallgefängnis am Burgtor, Lange und Stellbrink im Männerstrafgefängnis Lauerhof arrestiert. Ihnen allen steht eine lange Haft- und Leidenszeit bevor. Über viele Monate hinweg werden sie in Isolationshaft gehalten. Bei äußerst kärglicher Kost und nur kurzer Ausgangszeit auf dem Gefängnishof. Als ganz besonders schwer aber erleben die Gefangenen die ersten Wochen ihrer „Schutzhaft", in denen sie bis zum Erlass des offiziellen Haftbefehls am 30. September 1942 einer totalen Nachrichten- und Besuchssperre unterliegen.

Anstrengend und zermürbend sind aber auch die Verhöre. Wobei sich Lange anfangs wohl recht naiv und gutgläubig verhalten haben muss und in die eine oder andere Falle, die man ihm stellte, getappt ist. Dabei hat er sich ungewollt Äußerungen entlocken lassen, die ihm (und anderen?) eher zum Schaden waren. Darauf deutet zumindest Else Pelke in ihrer einfühlsamen und gut recherchierten Studie „Der Lübecker Christenprozess 1943" hin, indem sie bemerkt: „Als Lange in die ‚Mangel' der Verhöre der Gestapo kommt, versagt er ein wenig. Gewohnt, Sympathie zu empfangen, zu vertrauen, unerfahren im Umgang mit durchtriebenen Menschen, lässt er sich von den raffiniert getarnten Anbiederungsversuchen der Vernehmungsbeamten täuschen. Zwei von ihnen haben später in betrunkenem Zustand erzählt, Lange habe beim Verhör allerhand verlauten lassen. Lange hat diese Schwäche nachher heftig durchleiden müssen."

Die Briefe, die Hermann Lange aus der Zeit seiner Gefangenschaft schreibt, zeugen von einer großen Gelassenheit, Glaubensfestigkeit und -zuversicht. Doch ist es wohl verfehlt anzunehmen, dass ihm diese Haltungen und Einstellungen so einfach zugefallen wären. Sie mussten von ihm durch Anfechtungen hindurch erst errungen werden. So teilt er dem für ihn zuständigen Osnabrücker Bischof Wilhelm Berning am 7.11.1942 brieflich mit: „Dankbar bestätige ich Ihnen den Empfang Ihres Schreibens vom 22.8., das mich allerdings erst zwei Monate später erreichte. Ihre aufmunternden und stärkenden Worte haben mir sehr wohlgetan und mir gerade in schweren Stunden wieder neuen Auftrieb und Antrieb gegeben. Mit Gottes Hilfe habe ich den bisherigen Aufenthalt hier nicht nur gut überstanden, sondern er hat mir sogar zu manchen tieferen Einsichten und Erkenntnissen verholfen, die vor allem mit durch die intensive Lektüre der Paulusbriefe veranlasst wurden."

Rückschlüsse auf seine eigene mentale und geistliche „Widerstandsstrategie" in jener qualvollen Haftzeit lassen sich auch aus seinen Ratschlägen ziehen, die er in einem Brief vom 20.10.1942 den verstörten Eltern gibt – und die er sicherlich selber zuvor praktiziert und für sich als hilfreich empfunden haben dürfte:

„„Grübelt nicht zuviel!", so ermuntert er sie. „Werft alle Sorgen auf den Herrn. Blindes Gottvertrauen bringt uns weiter als alles eigene Sorgen und Grübeln." Und wie zur Bestätigung lässt er zwei Monate später, am 2. Weihnachtstag 1942, die Eltern wissen: „Ich finde, dass jetzt keine Zeit zum Klagen ist. ‚Feiger Gedanken bängliches Schwanken (…) wendet kein Schicksal, macht dich nicht frei!' Wie ich schon einmal schrieb, habe ich mich und meine Sache ganz Gott anheimgestellt. Nun mag es gehen, wie es will, ich bin in seiner Hand. Ohne seinen Willen geschieht bekanntlich nichts. Also wie Er will. Das gibt Mut und Kraft."

Vom 22. bis 24. Juni 1943 fand endlich im alten Lübecker Landgericht der (nicht öffentliche) Prozess vor dem eigens angereisten 2. Senat des Berliner Volksgerichtshofs unter dem Vorsitz von Wilhelm Crohne statt. Auf die Anklageschrift hatte Hitler persönlich Einfluss genommen, wie aus einem drei Monate vor dem Prozessbeginn verfassten Schreiben des Reichsministers der Justiz an den Oberreichsanwalt beim Volksgerichtshof hervorgeht. In ihm heißt es explizit: „Der Inhalt der Anklageentwürfe gegen Prassek u. And. und gegen Stellbrink ist dem Führer vorgetragen worden. Der Führer hat angeordnet, dass das Verfahren wegen der hochverräterischen Betätigung der Beschuldigten durchgeführt wird, aus der Anklage aber jene Teile herausgenommen werden, die auf der Verbreitung der Predigt des Bischofs von Münster basieren." Hitler wollte damals nicht, dass der Konflikt mit seinem katholischen Erzfeind aus dem Münsterland eskalierte, hinter dem große Teile der Bevölkerung standen. Die Lübecker Geistlichen sollten nicht als Märtyrer der Kirche erscheinen, sondern als staatsfeindliche poltische Verbrecher. An ihnen sollte ein Exempel statuiert werden. Die Abrechnung mit von Galen und den Kirchen wollte sich Hitler für die Zeit nach dem Krieg vorbehalten.(1)

Den Angeklagten werden u.a. Zersetzung der Wehrkraft, landesverräterische Feindbegünstigung, Rundfunkverbrechen und Verstoß gegen das Heimtückegesetz vorgeworfen. Die verbotene Verbreitung der Galen-Predigten erwähnt die Anklageseite entgegen ihrer ursprünglichen Absicht nicht. Das Ergebnis dieses Scheinprozesses stand von vornherein fest: Todesstrafe für die Geistlichen. Die mitangeklagten Laien galten als Verführte. Sie erhielten Gefängnisstrafen, die – bis auf zwei Fälle – durch die Untersuchungshaft als abgegolten galten.

Den Tod vor Augen

Die Hinrichtung der vier Männer soll in Hamburg erfolgen. Daher werden sie in die dortige Untersuchungshaftanstalt am Holstenglacis verlegt. Allerdings sollten noch quälend lange viereinhalb Monate bis zur Vollstreckung des Urteils vergehen. Alle Versuche von Bischof Berning, eine Begnadigung der Verurteilten zu erreichen, scheiterten schon früh. Schließlich wird den Todeskandidaten am 10. November 1943 um die Mittagszeit verkündet, dass um 18.00 Uhr dieses Tages ihre Hinrichtung stattfinden wird. Als an diesem Nachmittag der katholische Gefängnispfarrer Bernhard Behnen die Zelle von Hermann Lange betritt, erhebt sich der junge Kaplan von seinem Stuhl und kommt – von seinen Gefühlen übermannt – dem Besucher zitternd und in ein Weinen ausbrechend entgegen. Nachdem die beiden gebetet haben, fasst sich Lange wieder und erklärt, dass allein Gottes Wille geschehen möge. In dieser Haltung schreibt er dann auch seinen Abschiedsbrief an seine Eltern. Er ist bewegend zu lesen. Kein Geringerer als Thomas Mann hat ihn in seinem Vorwort zu „Und die Flamme soll euch nicht verbrennen" – einem von Malvezzi und Pirelli herausgegebenen Sammelband über die letzten Briefe von Verurteilten aus dem europäischen Widerstand – besonders hervorgehoben. In Langes Brief, der hier leider nur in Auszügen wiedergegeben werden kann, heißt es u.a.:

Liebe Eltern, lieber Paul!

Wenn Ihr diesen Brief in Händen haltet, weile ich nicht mehr unter den Lebenden! Das, was nun seit vielen Monaten unsere Gedanken immer wieder beschäftigte (…), wird nun eintreten. (…) Wenn Ihr mich fragt, wie mir zumute ist, kann ich Euch nur antworten: Ich bin 1.) froh bewegt, 2.) voll großer Spannung! Zu 1.: für mich ist mit dem heutigen Tage alles Leid, aller Erdenjammer vorbei – und Gott wird abwischen jede Träne von ihren Augen! Welcher Trost, welch wunderbare Kraft geht doch aus vom Glauben an Christus, der uns im Tode voraufgegangen ist. An Ihn habe ich geglaubt und gerade heute glaube ich fester an Ihn und ich werde nicht zuschanden werden. Wie schon so oft möchte ich Euch auch jetzt noch einmal hinweisen auf Paulus. (…) Ach, schaut doch hin wo immer Ihr wollt, überall begegnet uns der Jubel über die Gnade und Gotteskind-schaft. (…) Und 2.: heute kommt die größte Stunde meines Lebens! Alles, was ich bis jetzt getan, erstrebt und gewirkt habe, es war letztlich doch alles hinbezogen auf jenes eine Ziel, dessen Band heute durchrissen wird. ‚Was kein Auge gesehen, was kein Ohr gehört hat und was in keines Menschen Herz gedrungen ist, hat Gott denen bereitet, die ihn lieben' (1. Kor. 2,9) (…) Heute ist die große Heimkehr ins Vaterhaus, und da sollte ich nicht froh und voller Spannung sein? (…)

Nun zu Euch! Wie Euch ums Herz ist, weiß ich! Wenn ich an Euch denke, wird mir das Herz schwer. (…) Es ist nur gut, dass Paul jetzt da ist. (…) Tragt doch alles hin zu Dem, Der für uns gelitten hat und das schwerste Leid durchkostet hat. In Ihm können wir alles tragen. (…) Vater und Mutter bitte ich inständigst, grübelt nicht und reißt Euch los von allen trübsinnigen Gedanken. Vergesst nicht, dass Ihr noch mehr Kinder habt, die auch Anspruch auf Euch haben. Ich habe von Anfang an alles in Gottes Hände gelegt. Wenn Er nun dieses Ende von mir fordert – gut, es geschehe Sein hl. Wille. (…)

So, nun muss ich meine letzten Zeilen schreiben. Ich glaube, ich brauche Euch nicht um Verzeihung zu bitten für meine Schwach-heiten und Fehler, Eures Verzeihens bin ich gewiss. – Den anderen Dreien schreibe ich noch einen besonderen Brief an Angela. (…) Ich umfange Euch alle noch einmal mit einem innigen Kuss der Liebe. Auf Wiedersehen oben beim Vater des Lichtes. Euer – Phil. 1,21! – glücklicher Hermann.

In dem von Hermann Lange erwähnten Brief an seine drei anderen Geschwister kommt sogar eine Bemerkung wie diese vor, die man fast schon als Galgenhumor bezeichnen könnte: „Eben habe ich den letzten schönen Apfel gegessen und meine Beinwunde ist dank der Salbe auch bald geheilt!!"

Langes vielfach bekundete Bereitschaft, sich ganz dem Willen Gottes unterstellen und anvertrauen zu wollen, stellt im Übrigen alles andere als eine fromme Floskel eines katholischen Priesters dar, sondern ist von dem Gefangenen existenziell gemeint!(2) Auch lässt die häufige Zitierung von Bibelstellen in seinen Gefängnisbriefen erkennen, wie sehr ihm Gottes Wort gerade in der Zeit seiner Drangsal eine Quelle des Trostes und der Hoffnung war.

Um 18.00 Uhr werden die vier Todeskandidaten für die Hinrichtung fertiggemacht. Dabei werden ihnen ihre Arme auf dem Rücken festgebunden. Als erster muss Eduard Müller – begleitet vom alten Behnen – den Weg zur Richtstätte antreten. Dort wird er zur Enthauptung unter die Guillotine gelegt. Dann wird Prassek geholt. Nach ihm ist Hermann Lange dran. Bevor er die Hinrichtungskammer betritt, betet er kurz. Dann sagt er zu dem neben ihm stehenden Behnen noch: „Herr Pfarrer, auf ein frohes Wiedersehen im Himmel. Grüßen Sie meine lieben Lübecker und meine Landsleute in Leer!" Als Letzter wird Stellbrink hingerichtet. Else Pelke vermerkt: „Drei Minuten sind die Freunde im Sterben voneinander getrennt gewesen. Die amtlichen Urkunden bezeichnen den genauen Zeitpunkt der Hinrichtungen: 18.20 Uhr ... 18.23 Uhr ... 18.26 Uhr ... Ihr Blut ist buchstäblich ineinandergeflossen."

Langes Leichnam wurde in dem auf dem Friedhof Hamburg-Ohlsdorf sich befindenden Krematorium verbrannt. Seine Asche kam in eine Urne. Diese wurde endlich im Juni 1946 nach Leer überführt, wo am 23.6. unter großer Anteilnahme der Bevölkerung die Beerdigung stattfand. Sogar die Kommunisten nahmen an der Beisetzung teil und zollten so ihren Respekt gegenüber dem Verstorbenen.(3)

2011 hat Papst Benedikt XVI. Hermann Lange und die beiden anderen katholischen Priester seliggesprochen.

Literatur- und Quellennachweis

(1) In seinem „Tagebuch" hatte sich Goebbels am 14.8.1941 überaus zornig über die berühmt gewordene Predigt des Münsteraner Bischofs vom 3. August 1941 ausgelassen, in der dieser scharf gegen die Vernichtung angeblich „unproduktiven" Lebens protestierte. „Man hat ja vom Katholizismus", vermerkt Goebbels, „nicht viel für diesen Krieg erwartet; aber dass sich ein hoher Kirchenfürst dazu herbeilassen würde, Zutreiberdienste für den Feind zu leisten, das ist denn doch ein Verbrechen, das für den Staatsanwalt reif wäre." Jedoch sei es „wohl im Augenblick psychologisch kaum tragbar" drakonisch gegen den Bischof vorzugehen. Zu dieser momentanen Zurückhaltung in Kriegszeiten riet Goebbels am 18. August

auch Hitler. „Alle maßgeblichen Männer", so sein Eintrag, „sehen jetzt ein, dass man es in der Kirchenfrage nicht auf die Spitze treiben darf." Doch habe Hitler ihm versichert, fortan den Bischof Galen „auf dem Kieker" zu haben.

Beleg für den Hass der Nazis auf die Kirchen und ihre Absicht, in Zukunft mit den „Pfaffen" abzurechnen und ihren Einfluss (und den der Kirche) endgültig zu brechen, ist auch ein Geheimerlass der Reichskanzlei vom 6.6.1941 an die Gauleiter, in dem es u.a. heißt: „Niemals (...) darf den Kirchen wieder Einfluss auf die Volksführung eingeräumt werden. Dieser muss endgültig und restlos gebrochen werden. Erst wenn dieses geschehen ist, hat die Staatsführung den vollen Einfluss auf die einzelnen Volksgenossen." Und am 11.8.1942 soll Hitler bei einer Tischunterhaltung im Führerhauptquartier geäußert haben: „Diesen Kampf der deutschen Geschichte (gegen die Pfaffen; M.H.) werde ich endgültig einmal für immer zum Austrag bringen. (...) Ich werde die Pfaffen die Staatsgewalt spüren lassen, dass sie nur so staunen. Ich schaue ihnen jetzt nur zu. Würde ich glauben, dass sie gefährlich werden, würde ich sie zusammenschießen."

(2) So heißt es beispielsweise in einem Brief von ihm vom 11.7.1943: „Ich persönlich bin ganz ruhig und sehe fest dem Kommenden entgegen. Wenn man wirklich die ganze Hingabe an den Willen Gottes vollzogen hat, dann gibt das eine wunderbare Ruhe und das Bewusstsein unbedingter Geborgenheit. (...) Menschen sind doch nur Werkzeuge in Gottes Hand. Wenn Gott also meinen Tod will – es geschehe Sein Wille."

(3) In der Chronik der Leeraner St. Michaelkirche heißt es über die Beisetzung: „Der 23. Juni 1946 brachte für unsere Gemeinde (...) die Über-führung der sterblichen Überreste des enthaupteten Vikars Hermann Lange aus Hamburg nach Leer. Abends vorher brachte der Strafanstaltspfarrer Msgr. Behnen, der bei der Enthauptung zugegen gewesen war und hier auch die Gedächtnisrede hielt in der Kirche, die Urne mit der Bahn nach Leer, wo sie vom Vater und dem Pfarrer in Empfang genommen und im Auto zum Pfarrhaus gebracht wurde. Dort nahm der bereitgestellte weiße Sarg sie auf. (...) Nachdem an diesem Sonntag vormittags die Erstkom-munion der Kinder stattgefunden hatte, begann nachmittags um halb 4 Uhr die Gedächtnisfeier in der Kirche. Viele Fahnenabordnungen hatten auf dem Chore Aufstellung genommen. Der Leichenzug glich einem Triumph-zug, der mit roten Rosen bekränzte weiße Sarg wurde von Jungmännern auf den Schultern getragen (...), die Glocken aller Kirchen läuteten. Ein unabsehbarer Zug folgte zum Friedhof an der Heisfelderstraße, wo ein schön gelegener Platz die Überreste des Priestermärtyrers aufnahm. Am offenen Grab sprach (...) der Pfarrer und dann sang die riesige Menschen-menge ‚Großer Gott wir loben Dich.'"

Erwähnenswert ist auch ein Eintrag aus der St. Michael-Kirchenchronik aus dem Jahr 1944, in dem es heißt: „Am 7.3. erhielten die Eltern von Vikar Lange dessen Sterbekreuz an einer blutroten Kordel und das Neue Testament, in das Hermann Lange die Worte geschrieben hatte: ‚Meinen lieben Eltern in letzter Stunde zum Abschied – dieses Buch war mir Trost in schweren und schwersten Stunden.'"

Literatur- und Quellennachweis

Dokumentation „Leer 1933-1945". Im Auftrag der Stadt Leer zusammengestellt u. bearbeitet von Menna Hensmann. Leer 2001
Feldmann, Christian: „Lübecker Märtyrer": Die katholischen Priester Hermann Müller, Eduard Lange und Johannes Prassek. Sonntagsblatt vom 11.11.2018.
https://www.sonntagsblatt.de/artikel/kultur/luebecker-maertyrer-die-katholischen-priester-hermann-mueller-eduard-lange-und-johannes-prassek
Grossmann, Stefanie: Lübecker Märtyrer: Vereint gegen Hitler zum Tode verurteilt.
www.ndr.de/geschichte/koepfe/Luebecker-Maertyrer-Vereint-gegen-Hitler-zum-Tode-verurteilt,luebeckermaertyrer101.html (Stand: 23.6.1923)
Hermann Lange. Lebenslauf in Stichworten.
https://www.luebeckermaertyrer.de/de/geschichte/portraet/lebenslauf-lange.html
Hermann Lange. Porträt. https://www.luebeckermaertyrer.de/de/geschichte/portraet/portraet-lange.html
Lebenslauf des Oberprimaners Hermann Lange:
www.ueg-leer.de/images/stories/Schulleben/schulgeschichte/
Hermann_Lange_Abituranschreiben_1932.pdf
Pelke, Else: Der Lübecker Christenprozess 1943. Mainz 1974
Templin,Brigitte/Klatt, Ingaburgh: „Lösch mir die Augen aus…" – Leben und gewaltsames Sterben der vier Lübecker Geistlichen in der Zeit des Nationalsozialismus. Lübeck 1994
Voswinckel, Peter: Geführte Wege. Die Lübecker Märtyrer in Wort und Bild. Hamburg 2010 (2. Aufl.)

Heinrich Meyer – Fanatischer Nationalsozialist ohne Skrupel

Schon früh vom völkischen und nationalistischen Gedankengut geprägt

Betrachtet man Heinrich Meyer auf zeitgenössischen Abbildungen der Dreißigerjahre des letzten Jahrhunderts, so nimmt man einen stattlichen, noch jung und dynamisch aussehenden Mann wahr mit einem selbstbewussten, leicht überheblichen Gesichtsausdruck. Und dennoch nicht unsympathisch wirkend. Offensichtlich eine Person, die von sich und ihrer Sache überzeugt ist, und von der man sich vorstellen kann, dass sie zu „führen" vermag und andere für ihre Ziele zu beeinflussen und zu begeistern weiß. Es sind dies Fähigkeiten, die Meyer tatsächlich in jenen Anfangsjahren des unseligen Dritten Reiches als fanatischer Nationalsozialist und führender Vertreter der „Deutschen Christen" (DC) in unheilvoller Weise unter Beweis stellen sollte.

Geboren wurde Heinrich Meyer am 15. Juli 1901 in Jheringsfehn, wo sein Vater, Albert Meyer, lutherischer Pastor war. Nach seinem Studium am Staatlichen Gymnasium (heute Ubbo-Emmius-Gymnasium) in Leer, studierte er an den Universitäten Tübingen, Halle-Wittenberg und Göttingen Theologie. Nachdem er sein Erstes Theologisches Examen abgelegt hatte, ließ sich Meyer vom Gustav-Adolf-Werk für anderthalb Jahre in die evangelische Gemeinde von Komotau aussenden, um dort seine Vikariatszeit zu verbringen. Komotau (tschech. Chomutov) liegt in Böhmen, das seit dem Ende des Ersten Weltkriegs (1914-1918) zur neu gegründeten Tschechoslowakei gehörte. Die Gemeinde, in die Meyer kam, war eine evangelische Diasporagemeinde, die von Sudetendeutschen besucht wurde. Die Zeit in Komotau bestärkte den Vikar in seiner von völkischen und nationalistischen Vorstellungen beeinflussten Weltanschauung – und damit zugleich auch in seinem christlichen und theologischen Selbstverständnis.

Das belegen auch seine Ausführungen in seiner 1930 veröffentlichten Schrift „Evangelisches Christentum im Grenzlande" über seine Zeit in Komotau. So äußert er etwa: „Viele Evangelische (werden) schon äußerlich an dem hellen, klaren Blick und an der freien Haltung (erkannt)." Auch vertritt er die Meinung, dass die Evangelischen in der böhmischen Diaspora eigene Gemeinden gegründet und Kirchen gebaut hätten, „weil sie es endlich satt bekommen (hatten), ihre hohen Nationalgüter durch Volksfeinde verraten und verkauft zu sehen". Und er lobt, dass bei ihnen „die völkische Ertüchtigung geradezu als eine wichtige Aufgabe der Kirche angesehen (wird)". Kein Wunder, dass er – in Bezug auf die Kirche in seiner Heimat – die rhetorische Frage stellt: „Ob aber nicht auch wir in der Heimat unser Volkstum bewusster pflegen sollten? Legt die Diaspora den Finger nicht auf eine wunde Stelle in unserem Gemeindeleben?" Hillard Delbanco resümiert in seiner sorgfältigen, mit zahlreichen dokumentarischen Quellen belegten Untersuchung „Kirchenkampf in Ostfriesland" über Meyers Schrift, dass diese „in ihrem Inhalt über einen Tätigkeitsbericht weit hinaus (geht). In der Wahl der Ausdrücke und des Tones weist sie bereits fast alle typischen Merkmale späterer Verlautbarungen der DC auf: kämpferischer Ton, Überheblichkeit im Blick auf die eigene Person und Position, Siegesgewissheit, Überlegenheitsgefühl gegenüber Katholiken und Slawen, ein Minimum an Theologie, die mit völkischem Gedankengut vermischt ist. Lediglich Äußerungen zur Judenfrage fehlen noch. Diese werden in einer 1932 erschienenen Schrift von Heinrich Meyer vorgetragen."

Wieder aus Böhmen zurückgekehrt, erhielt Meyer – nach Ablegung seines Zweiten Theologischen Examens – am 7.10.1927 eine Stelle als Hilfsprediger an der Lambertikirche in Aurich. Am 1.7.1929 wurde ihm die dortige 3. Pfarrstelle übertragen. Diese Personenwahl wurde schon damals nicht von allen Gemeindegliedern begrüßt, da Meyers Engagement für die Nationalsozialisten gar zu offensichtlich war. Der neue Auricher Pastor schien es von Anfang an darauf abgesehen zu haben, besonders die jungen Menschen für sich und seine Ideen von einem Christentum zu gewinnen, das verquickt und durchwoben war mit völkisch-nationalsozialistischer Ideologie. Bei seinem Amtsantritt hatte er sich nämlich ausbedungen, dass die kirchliche Jugendarbeit in der Stadt in seinem Zuständigkeitsbereich liege. Und so gründete er dann auch 1931 eine ihm unterstellte Ortsgruppe des Christlichen Vereins Junger Männer (CVJM). Wie es heißt, sollen sich viele junge Menschen von ihm angezogen gefühlt und später zu seinen Gefolgsleuten bei den innerkirchlichen Kontroversen gezählt haben.

Seit dem Jahr 1928 war Heinrich Meyer Mitglied in der NSDAP und zählte im Folgejahr zu den Gründungsmitgliedern der NSDAP-Ortsgruppe Aurich. Auch wurde 1929 der lutherische Geistliche, der über ein hinreißendes Redetalent verfügte, als (ehrenamtlicher) Gau- und Reichsredner der NSDAP eingesetzt. Überhaupt war Meyer beharrlich bemüht, an kirchlichem und politischem Einfluss zu gewinnen. So gründete er Ende Mai 1931 die „Niedersächsische Arbeitsgemeinschaft evangelischer nationalsozialistischer Pfarrer" und unterstützte im Jahr 1932 die Gründung der „Glaubensbewegung Deutscher Christen" (DC), die den christlichen Glauben mit nationalsozialistischem Gedankengut vermengen und die Kirche einem Transformationsprozess hin zu einer „im Volkstum wurzelnden" Reichskirche zu unterziehen bestrebt war.(1)

Meyer wurde Organisationsleiter der DC in Niedersachsen, gründete zahlreiche Ortsgruppen und führte DC-„Führertagungen" durch. Infolge der massiven propagandistischen Unterstützung der NSDAP, die ihre Mitglieder aufforderte, sich an den 1933 durchgeführten Neuwahlen kirchlicher Gremien zu beteiligen und DC-Kandidaten zu wählen, gelangten zahlreiche DC-Anhänger in die Leitungsorgane der Kirche auf regionaler und überregionaler Ebene. Das führte dann auch dazu, dass Meyer im Oktober 1933 zunächst zum kommissarischen Generalsuperintendenten ernannt wurde und im Juli 1934 zum Landespropst für den Sprengel Ostfriesland-Osnabrück (mit Sitz in Aurich). Der neue Propst sorgte für viel Unruhe in den Gemeinden und musste erleben, dass ihm die große Mehrheit der ostfriesischen Pastoren die Gefolgschaft und Zusammenarbeit verweigerte. Die meisten von ihnen gehörten der inzwischen entstandenen Bekenntnisgemeinschaft der Evangelisch-lutherischen Landeskirche Hannovers an. Die Zahl der DC-Pastoren hingegen war und blieb nur gering.

Ein Unruhestifter denunziert andere als „Unruhestifter"

Wie skrupellos Meyer gegen Gegner in seiner Kirche vorgehen konnte, zeigte sich nicht zuletzt in seinem Schreiben vom 29. Juni 1934 an den für den Gau Weser-Ems zuständigen NSDAP-Gauleiter Karl Röver. In ihm denunziert er neben dem reformierten Pastor Heinrich Oltmann sieben ihm besonders missliebige lutherische Pfarrkollegen in Ostfriesland, die sich gegen eine Eingliederung der

Evangelisch-lutherischen Landeskirche Hannovers in die Reichskirche wandten und deren oppositionelles Verhalten er eigens in
einer Art Dossier darlegt. Ausdrücklich vermerkt er, dass „die
genannten Personen sich aus der Reihe der führenden Köpfe der
sog. Bekenntnisgemeinschaft besonders hervorheben" und „mehr
oder weniger als reaktionäre, der nat. soz. Weltanschauung gefähr-
liche Männer angesehen werden können".

Es ist bezeichnend für Meyer, dass er unter der Überschrift „Die
treibenden Kräfte der Opposition" als erste Personen seine Amtsbrüder an der Auricher Lambertikirche Johannes Friedrich und Eilhard
Schütt aufführt und anschwärzt. Besonders verwerflich sind dabei
seine Angaben zu Friedrich, der als ein bekenntnistreuer und überaus integerer Geistlicher und führender Mann der lutherischen Bekenntnisgemeinschaft in Ostfriesland galt. Über ihn schreibt Meyer:

P. Friedrich in Aurich
War vor dem Umschwung als evang. Volksdienstmann Gegner der
NSDAP. Am 6. März 1933 weigerte er sich, die Glocken zum Siege
der nat. soz. Revolution läuten zu lassen und erhob Beschwerde bei
der Polizeibehörde dagegen, dass die SA sich das Glockengeläut
erzwungen hätte.
Mit der HJ hatte er einen sehr schweren Konflikt, der ihm ein völliges
Misstrauen sowohl der alten nat. soz. Kämpfer als auch des jungen
Geschlechtes brachte.
Er ist einer der Hauptführer der landeskirchlichen Sammlung und
der sog. Bekenntnisgemeinschaft. Er ist als Unruhestifter gekenn-
zeichnet und wird von der NSDAP glatt abgelehnt.

Und dann folgt ein abschließender Satz Meyers zu seinem Kollegen
Friedrich, den man nur als äußerst infam bezeichnen kann, schlägt
er doch indirekt dessen Ausschaltung und Eliminierung vor
(womöglich in einem Konzentrationslager??):

Sein Verschwinden, so Meyer, *würde bedeuten Wiederherstellung*
der Ruhe und eines geordneten Verhältnisses zwischen Kirche und
Nationalsozialismus.

Als „Ergebnisse" seiner Ausführungen empfiehlt Meyer dann am
Ende seines langen denunziatorischen Schreibens:

a) Ein wirksames Mittel gegen diese Machenschaften ist zunächst einmal das Verbot der sog. Bekenntnisgemeinschaft.
b) Alsdann müssen nach Klärung der Verhältnisse im Hannover-lande die Haupttreiber unschädlich gemacht werden.
c) Die Sonntagspresse muss schärfstens beaufsichtigt werden. (…)

Erstaunlicherweise verhielt sich Gauleiter Röver jedoch im Hinblick auf die von Meyer gemachten Beschuldigungen gegenüber seinen Pfarrkollegen auffallend inaktiv.(2)

Unrühmliches Ende

Der rasante Aufstieg des umtriebigen, geltungssüchtigen Heinrich Meyer endete jäh. Für das Amt eines „Superintendenten" bzw. „Landespropst" gingen ihm jegliche Fähigkeiten ab – theologische, geistliche und nicht zuletzt auch charakterliche. Er mochte zwar junge Menschen begeistern und manipulieren können und auch auf ungefestigte, leicht beeinflussbare erwachsene Personen zumindest vorübergehend eine gewisse Wirkung ausüben. Aber ansonsten war doch vieles bei ihm in seiner großspurigen Art nur „heiße Luft" und tönerne Phrase. Und auch seinen braunen Parteigenossen schien Meyer zunehmend auf die Nerven zu gehen und lästig zu werden. Seine Bestellung zum Gaupropagandaredner wurde sogar im Herbst 1934 von der Gaupropagandaleitung wegen seiner gleichzeitigen Tätigkeit für die „Deutschen Christen" aufgehoben.

Überhaupt war nicht zu übersehen, dass die „Deutschen Christen" nach ihrem kurzen Höhenflug relativ schnell an Ansehen verloren. Nachdem ihnen mit der Bekenntnisgemeinschaft bzw. der Bekennenden Kirche ein hartnäckiger Gegner entgegentrat und auch das Gros der Kirchenmitglieder sich mehr und mehr von dem Auftreten und Gebaren der DC abgestoßen fühlte und mit deren kruden (Irr-) Lehren nichts anfangen konnte und wollte, ging der zwischenzeitlich dominierende Einfluss der DC in der Evangelischen-lutherischen Landeskirche Hannovers schon bald wieder zurück. Hinzu kam, dass inzwischen auch der Staat und die Partei ihr Interesse an einem Protegieren der DC verloren hatten. Was allerdings nicht ausschloss, dass künftig umso mehr die Bekennende Kirche von den Nazis ins Visier genommen wurde und ihre Mitglieder bespitzelt, verschiedentlich verhört oder gar inhaftiert wurden.

Meyer selbst verlor sein Propstamt, nachdem im März 1935 die Einsetzung der Landespröpste und weitere DC-Maßnahmen als rechtsungültig erklärt wurden. Der Aufforderung seiner Landeskirche, wieder die dritte Pfarrstelle in seiner Auricher Gemeinde einzunehmen, folgte er lange Zeit nicht. Offenbar hielt er dies für unter seiner Würde. Als er dann endlich im Mai 1936 urplötzlich ankündigte, seinen Dienst in der Lambertikirche wieder aufnehmen zu wollen, war es zu spät. Inzwischen hatte er doch zu viel Porzellan zerschlagen und jegliches Vertrauen verspielt. Eine Rückkehr wurde ihm nunmehr verwehrt. Ihm wurden lediglich Pfarrstellen außerhalb Aurichs angeboten. Was Meyer jedoch ablehnte. Stattdessen gründete er im August 1936 mit der „Deutsch-christlichen Gemeinde Aurich" eine eigene Gemeinde, woraufhin er aus dem landeskirchlichen Dienst entlassen wurde.(3) Im Zweiten Weltkrieg (1939-1945) ist Heinrich Meyer als Soldat eingezogen worden. Nach dem Kriegsende befand er sich noch über drei Monate in Kriegsgefangenschaft.

In der noch jungen Bundesrepublik schloss sich der unverbesserliche Meyer erneut rechtsextremen Parteien an und kandidierte für sie. Seine Bemühungen, wieder in den Pfarrdienst der Hannoverschen Landeskirche aufgenommen zu werden, scheiterten. (Er besaß sogar bei den Beratungen zu seiner Wiederaufnahme die Dreistigkeit, so lange die Existenz jenes Denunziationsschreibens vom 29. Juni 1934 (s. weiter oben) zu leugnen, bis man ihm eindeutig das Gegenteil beweisen konnte.) Nicht zu verstehen jedoch ist, dass die Ev. Kirche von Westfalen ihn 1957 als Religionslehrer und einige Jahre später sogar als Pfarrer (in Gemen) anstellte. Heinrich Meyer starb am 7. Mai 1979 in Leer.

Anmerkungen

(1) In den Richtlinien der „Glaubensbewegung Deutsche Christen" (vom 26. Mai 1932) heißt es u.a.:

Wir kämpfen für einen Zusammenschluss der im „Deutschen Evangelischen Kirchenbund" zusammengefassten 29 Kirchen zu einer Evangelischen Reichskirche. (...)
Wir stehen auf dem Boden des positiven Christentums. Wir bekennen uns zu einem bejahenden artgemäßen Christus-Glauben, wie er deutschem Luther-Geist und heldischer Frömmigkeit entspricht. (...)

Wir sehen in Rasse, Volkstum und Nation uns von Gott geschenkte und anvertraute Lebensordnungen, für deren Erhaltung zu sorgen uns Gottes Gesetz ist. Daher ist der Rassenvermischung entgegenzutreten. (...) Wir lehnen die Judenmission in Deutschland ab, solange die Juden das Staatsbürgerrecht besitzen und damit die Gefahr der Rassenverschleierung und Bastardierung besteht. (...) Insbesondere ist die Eheschließung zwischen Deutschen und Juden zu verbieten. (...) Wir wollen eine evangelische Kirche, die im Volkstum wurzelt (...).

(2) Weshalb Meyers Schreiben keine unmittelbaren negativen Folgen für die von ihm denunzierten Pfarrkollegen gehabt hat, ist nach Delbancos Vermutung „z.T. damit zu erklären, dass die staatlichen Stellen sich aus innerkirchlichen Streitereien herauszuhalten hatten und entgegen den Hoffnungen der Deutschen Christen sich weithin nicht mit diesen identifizierten. Allerdings darf nicht übersehen werden, dass zu dieser Zeit Hunderte von Pastoren in Deutschland ihr Amt verloren hatten und nicht wenige sich in Haft befanden. Der Hauptgrund für das Ausbleiben einer Reaktion durch den Gauleiter dürfte aber in dem Zeitpunkt liegen, zu dem Meyers Denunziationsschreiben bei der Gauleitung in Oldenburg eintraf. Es war genau der Tag, an dem SA-Chef Ernst Röhm und andere missliebige Personen ‚liquidiert' wurden. Zu diesem Zeitpunkt hatte man in der Gauleitung Weser-Ems andere Sorgen; die angebliche Renitenz von ein paar ostfriesischen Pastoren war vergleichsweise unwichtig."

(3) Um deutlich zu machen, welche extremen „theologischen" Ansichten und Vorstellungen Heinrich Meyer vertrat, soll an dieser Stelle exemplarisch aus seiner 1937 erschienenen Schrift „Von dem Entscheidungskampfe deutscher Frömmigkeit gegen artfremdes Kirchentum im Lande der Niedersachsen und Friesen" zitiert werden:

In seiner Einführung weist der Autor darauf hin, dass „die vorliegende Schrift sich gemäß ihrem Aufbau zunächst an die Niedersachsen und die Friesen (wendet), einmal schon deshalb, weil ihr Verfasser hier beheimatet ist, dann aber vor allem darum, weil gerade diese deutschen Gaue nach ihrer Art und nach ihrer Geschichte berufen zu sein scheinen, diesen religiösen Entscheidungskampf in seiner vollen Härte und Tiefe durchzukämpfen und darin ihren besonderen Beitrag zur Vollendung der schöpferischen religiösen Kraft unserer Zeit zu geben. Sie richtet sich aber weit darüber hinaus an alle deutsche Menschen, die auf den tiefsten Sinn deutscher Geschichte in unseren Tagen achten gelernt haben."

Einige Seiten weiter verheißt Meyer pathetisch: „Blut und Boden und Frömmigkeit werden bald wieder zusammenklingen zum Lob des ewigen Schöpfers – und unser Land wird darob sein Danklied und seinen Lobgesang über Sturm und Stille, in Stadt und Dorf anstimmen." An anderer Stelle empört sich Meyer über die Bekennende Kirche („Bekenntniskirche"), indem er u.a. ausführt: „Die sogenannte ‚Bekenntniskirche' behauptet, sie kämpfe für die Kirche Jesu Christi. Deshalb müsse sie die politische Kirche der Deutschen Christen ablehnen. Wir fragen euch: ‚Ist die Bekenntniskirche nicht eine ausgesprochen politische Kirche?' Sie wehrt sich seit über 4 Jahren gegen die Lösung der Judenfrage innerhalb der evangelischen Kirche und belässt nach wie vor Vollblutjuden und Mischlinge im kirchlichen Dienst. Sie hat seit über 4 Jahren in ihren Worten und Taten bewiesen, dass sie nicht gewillt ist, den uns vom Herrgott selbst im Nationalsozialismus geschenkten Erkenntnissen und Kräften innerhalb der Kirche Raum zu verschaffen. (…) Nur wer blind ist gegenüber den Zeichen der Zeit, bestreitet das wiedererwachende Zeitalter des echten Christusgeistes selbstloser Liebe in der nationalsozialistischen Tatwelt (vergl. Winterhilfswerk u.a.m.)."

Im Anhang seiner Schrift hat Meyer „die Programmsätze unserer deutschchristlichen Bewegung zum Abdruck gebracht" (und sich so zu ihnen bekannt). In den unter die Überschrift „Wille und Ziel der ‚Deutschen Christen Nationalkirchliche Bewegung e.V.'" gestellten Programmsätzen heißt es u.a.: Die nationalkirchliche Bewegung ‚Deutsche Christen' setzt sich ein für die Überwindung und Beseitigung alles jüdischen und fremdvölkischen Geistes in den kirchlichen Lehr- und Lebensformen und bekennt sich zum Deutschen Christentum als der artgemäßen Religion des deutschen Volkes. Christus ist nicht Vollender des Judentums, sondern sein Todfeind und Überwinder. (…) Die nationalkirchliche Bewegung ‚Deutsche Christen' steht in bedingungsloser Gefolgschaft zu Führer und Reich. Sie bekennt sich vorbehaltlos zur nationalsozialistischen Weltanschauung und zur Totalität des deutschen Lebens, die im Nationalsozialismus gefordert ist: Dienst am Volk ist Gottesdienst! (…) Die nationalkirchliche Bewegung ‚Deutsche Christen' (…) lehnt jede politische Sonderstellung und rechtliche Eigenständigkeit der Kirche ab und fordert die Übertragung der gesamten kirchlichen Ordnung auf die Ordnungsorgane des deutschen Volkes. Die nationalkirchliche Bewegung ‚Deutsche Christen' kämpft für eine radikale Erneuerung des deutschen Pfarrstandes (…) Die Einführung des deutschen Beamtengesetzes (Treueid auf den Führer, Arierparagraph) ist für die Nationalkirche selbstverständlich."*
(Hillard Delbanco erwähnt, dass Meyers Schrift einen Vortrag wiedergibt, die der Auricher Pastor anlässlich der am 15.2.1937 angeordneten Kirchenwahl gehalten hatte.)

---

* Die „Nationalkirchliche Bewegung" (auch als Thüringer DC und später auch als Nationalkirchliche Einigung bezeichnet) stellte einen besonders radikalen Flügel der Deutschen Christen dar.

Literatur- und Quellennachweis

Hillard Delbanco: Die Evangelisch-lutherische Lamberti-Kirchengemeinde in den Auseinandersetzungen von 1933–1945. In: Herbert Reyer (Hg.): Aurich im Nationalsozialismus. Aurich 1989, S. 301–338
Delbanco, Hillard: Heinrich Ludwig Albrecht Meyer.
https://bibliothek.ostfriesischelandschaft.de/wp-content/uploads/sites/3/dateiarchiv/2576/Meyer-Heinrich.pdf bzw. BLO. Bd. 2. Aurich 1997, S. 239-242
Delbanco, Hillard: Kirchenkampf in Ostfriesland 1933-1945. Die evangelisch-lutherischen Kirchengemeinden in den Auseinandersetzungen mit den Deutschen Christen und dem Nationalsozialismus. Aurich 1989 (2., durchges. Auflage)
Heinrich Ludwig Albrecht Meyer.
https://de.wikipedia.org/wiki/Heinrich_Ludwig_Albrecht_Meyer
Meyer, Heinrich: Von dem Entscheidungskampfe deutscher Frömmigkeit gegen artfremdes Kirchentum im Lande der Niedersachsen und Friesen. Weimar 1937
Richtlinien der Glaubensbewegung „Deutsche Christen" (vom 26.5.1932).
https://www.geschichte-bk-sh.de/fileadmin/user_upload/Quellen/Richtlinien_der_DC_1932.pdf
Weßels, Paul: Nicht hoffnungslos, sondern handelnd. Heinrich Oltmann (1892-1937). Ein reformierter Pastor im Kirchenkampf. Wuppertal 2002, S. 211f

Friedrich Middendorff – „Der Kampf musste sein!"

Kritische Sicht auf den Nationalsozialismus
und die „Deutschen Christen"

Friedrich Middendorff ist einer der prominentesten Pastoren innerhalb der reformierten Landeskirche gewesen. Er kam am 2. Februar 1883 in Emden zur Welt, wo sein Vater, Justus Heinrich Middendorff, Pastor in der großen Evangelisch-reformierten Gemeinde war. Und auch sein Sohn Friedrich entschied sich für den Pfarrberuf. Er studierte in Halle, Tübingen und Erlangen Theologie und trat 1909 in der kleinen, nahe Emden gelegenen Ortschaft Uttum seine erste Pfarrstelle an. 1913 wechselte er nach Neermoor, wo er bis 1926 als Pastor wirkte. Neben seinem pastoralen Dienst war er Schriftleiter des wöchentlich erscheinenden reformierten „Sonntagsblattes", das damals in vielen reformierten Haushalten gelesen wurde. Nach Karl Koch gab Middendorff „als engagierter Journalist dem Sonntagsblatt eine eigene Richtung, die neben der Bibelorientierung auch aktuelle Probleme des Lebens in der Weimarer Republik einschloss". Dabei verfasste er viele Beiträge selbst.

Nach rund dreizehnjähriger Dienstzeit in Neermoor folgte Middendorf im Februar 1926 einem Ruf der reformierten Gemeinde Schüttorf. Auch wenn Schüttdorf, das in der Grafschaft Bentheim liegt, nur eine einwohnermäßig kleine Stadt war, so war sie doch eine reformierte Hochburg: Im Jahr 1930 waren von ihren 5398 Einwohnern allein 82,3% reformierten Glaubens!

In Schüttorf lag Middendorff besonders die Förderung des Evangelischen Jünglings- und Männervereins und der Blaukreuzarbeit am Herzen. (Letztere versucht alkoholkranken und -gefährdeten Menschen auf der Basis des christlichen Glaubens zu einem suchtfreien Leben zu verhelfen.) Politisch engagierte er sich für den „Christlich Sozialen Volksdienst" (CSVD), einer protestantisch-konservativen Partei. So auch auf einer von über 1000 Menschen besuchten NSDAP-Versammlung in Nordhorn im April 1932, auf der der Auricher Pastor Heinrich Meyer als Parteiredner der Nazis auftrat und Middendorff als eingeladener Vertreter des CSVD Gelegenheit hatte, als Gegenredner die Positionen seiner Partei zu vertreten. Dabei unterließ es Middendorff nicht, die antichristliche Rassen- und Führerlehre der Nazis und deren Staatsvergötzung zu kritisieren.(1)

Am 30. Januar 1933 kam Hitler an die Macht und baute diese in der Folgezeit systematisch aus. Auch die mit dem Nationalsozialismus sympathisierenden „Deutschen Christen" konnten anfangs auf dieser Erfolgswelle mitschwimmen und zeitweise einen großen Einfluss in evangelischen Landeskirchen und Gemeinden gewinnen. Ihren Machtbestrebungen und unbiblischen Lehren stellte sich Middendorf entschlossen entgegen. Es war daher nur natürlich, dass er seinen eigenen Standort und Weg in den Jahren des Kirchenkampfes innerhalb der Bekennenden Kirche fand.

Middendorff gehörte dem Leitungsgremium der im November 1934 ins Leben gerufenen „Bekenntnisgemeinschaft innerhalb der Evangelisch-reformierten Landeskirche der Provinz Hannover" an und war seit 1937 deren Vorsitzender. Auch war er seit 1936 Mitglied des Reichsbruderrats der Bekennenden Kirche (BK). Es war für ihn eine große Enttäuschung, dass die Leitung seiner reformierten Landeskirche zur Bekennenden Kirche in Distanz blieb und bei ihrem Bestreben, es sich nicht mit dem nationalsozialistischen Staat zu verderben, eher eine Art von kirchenpolitischem Schlingerkurs betrieb. Ganz anders Middendorff, der bereit war, sich deutlich zu positionieren und der Konflikten nicht auswich. Dabei konnte es nicht ausbleiben, dass er bei den Nazis aneckte und sich ihre Gegnerschaft zuzog. Kein Wunder, dass auch Gestapoleute und Denunzianten sich regelmäßig unter die Gottesdienstbesucher mischten.

Als Middendorff am 7. April 1935 abends eine Versammlung in der Kirche abhielt, auf der er über die BK und eine in Siegen stattgefundene Synode berichtete, beklagte sich Schüttorfs Bürgermeister Scheurmann, der an der Veranstaltung teilgenommen hatte, über Middendorff. Es habe sich um eine „reine Propagandaversammlung der Bekenntnisfront" gehandelt, bei der die „Darlegungen von Herrn Middendorff einseitig vom Standpunkt der vermeintlich verfolgten, notleidenden und bedrückten Geistlichkeit aus betrachtet" worden seien. Auch von Ansprachen Karl Barths habe der Pastor berichtet und „Stimmung erzeugt". Helmut Lensing vermutet in seiner Untersuchung „Der reformierte Bekenntnispfarrer Friedrich Middendorff und der ‚Kirchenkampf' in Schüttorf", dass auch von anderer Seite die Gestapo Informationen über die Versammlung erhalten haben dürfte. Jedenfalls hieß es in einer Mitteilung der Staatspolizei Osnabrück an die Gestapostelle in Berlin vom 4. Juni 1935: „(...) musste im Staatsinteresse gegen den Pfarrer Middendorff in Schüttorf wegen einiger in der dortigen ev.-reformierten Kirche am 7.4.1935 gemachten Ausführungen vorgegangen werden. Sein Vortrag, der sich in schärfster Weise gegen den Staat und die national-sozialistische Idee sowie einige führende Persönlichkeiten des öffentlichen Lebens richtete, war dazu angetan, den Staat in der Bevölkerung herabzuwürdigen und die Versammlungsbesucher zu verhetzen. Mit Verfügung vom 9.5.35 habe ich gegen ihn ein Redeverbot erlassen." (Middendorff hatte in seinem Vortrag auch zu Alfred Rosenbergs „Mythus des 20. Jahrhunderts" kritisch Stellung genommen.)

Wie der Gestapo-Mitteilung zu entnehmen ist, war Middendorff seit dem 9. Mai mit einem Redeverbot belegt worden. Dieses Predigt- und Redeverbot währte allerdings nur knapp zwei Monate, da es am 1. Juli 1935 wieder aufgehoben wurde.

Middendorff äußert sich zur „Judenfrage" und kritisiert bestimmte Umstände der Reichstagswahl 1936

In der Ausgabe des „Sonntagsblattes" vom 8. September 1935 nahm der Schüttorfer Pastor in einem Artikel („Ein Weniges zur Judenfrage") zu Schmähungen von Juden und zur Frage ihrer Taufe Stellung. Daraufhin wurde die entsprechende Ausgabe des „Sonntagsblattes" von den Nazistellen beschlagnahmt. Unter anderem hatte Middendorf ausgeführt:

Die Judenfrage beschäftigt und erregt heute das deutsche Volk bis in die Tiefen seines Denkens und Empfindens. Wo diese Frage noch nicht wach geworden ist, da sorgt eine Zeitschrift wie der (...) ‚Stürmer' dafür, dass sie wach wird. Überall werden ‚Stürmer'-Kästen errichtet. (...) Leidenschaften werden aufgepeitscht. Junge Menschen, ja auch solche, die ihr reiferes Alter vor Torheiten bewahren sollte, lassen sich zu unbedachten Einzelaktionen und zu gehässigen Schimpfereien hinreißen.

In der Jetztzeit werden nur einzelne Juden für Christus gewonnen. Mit Recht werden sie durch die Taufe in die christliche Gemeinde aufgenommen. Zwar bleibt auch der getaufte Jude ein Jude, aber er wird durch die Taufe und den Glauben an Christus ein Christ, ein christlicher Jude. Der ‚Stürmer' behauptet allerdings kühnweg, der Jude könne niemals ein Deutscher und ebenso wenig ein Christ sein. Wenn ein Jude zum christlichen Glauben übertrete, so tue er das nur, um den Nichtjuden umso besser einseifen zu können. In solcher Allgemeinheit ausgesprochen, ist dieser Satz eine Versündigung gegen das neunte Gebot. Petrus, Johannes, Paulus sind auch christgewordene Juden. Haben sie sich taufen lassen, um die Nichtjuden desto besser einseifen zu können? (…) Gewiss haben manche Juden nur aus äußeren Gründen und um äußerer Vorteile willen sich taufen lassen. Wer konnte ihnen ins Herz sehen?! (…) Aber es hat bis auf den heutigen Tag auch manche Juden gegeben, die von Herzen an Jesus Christus gläubig geworden sind. (…) Manche von ihnen wurden der Welt zum reichsten Segen. (…) Wir wiederholen noch einmal ganz ausdrücklich, was wir kürzlich schrieben: ‚Würde ein Pfarrer einem Juden die Taufe verweigern, nur weil er Jude ist, so wäre er ungehorsam gegen seinen Herrn und würde Christus verleugnen.'"

Am 18. April 1936 wurde Friedrich Middendorff erstmalig verhaftet. Anschließend kam er nach Verhören durch Kriminalpolizei und Amtsrichter in Bentheim in Untersuchungshaft. Hintergrund dieser Maßnahme war folgender: Drei Wochen zuvor, am 29. März 1936, hatte es eine Reichstagswahl gegeben. In ihr wurde die Zustimmung zur Einheitsliste der NSDAP verquickt mit einer Zustimmung für die Besetzung des entmilitarisierten Rheinlands. Anlässlich der Wahl wurden am Vorabend im Land in manchen Kirchen die Glocken geläutet. So auch in der katholischen Kirche in Schüttorf. Nicht aber in der reformierten Kirchengemeinde. Auf einer Kirchenratssitzung vom 4. April stellte daraufhin ein Kirchenältester, der den „Deutschen Christen" angehörte, Middendorff erregt die Frage, warum dieser nicht habe läuten lassen. In seiner Antwort wies der reformierte Pastor kühl darauf hin, dass ihm keine diesbezügliche Anordnung des Bezirkskirchenrats vorgelegen habe. Gleichzeitig verwahrte er sich gegen eine religiöse Verbrämung der Wahl durch Glockenläuten. Als weiteren Grund seiner Untersuchungshaft gab Middendorff später an, dass er nach der Aprilwahl einen schriftlichen

Einspruch an die Ortspolizeiverwaltung und den NSDAP-Orts-gruppenleiter eingelegt hatte mit der Bitte, diesen an höhere Stellen weiterzuleiten. In diesem Einspruch hatte er u.a. die Verkoppelung von Außenpolitik und Innenpolitik bei der Wahlentscheidung beklagt und sich über die Wahlpropaganda („Wer nicht ja sagt, ist ein Volksverräter") beschwert. Auch hatte er auf „zahlreiche Verstöße gegen Treu und Glauben bei der Wahl (geheime Anordnung an die Wahlvorstände, Blankozettel ohne Kreuz als Ja-Stimmen zu werten)" hingewiesen. Aufgrund dieser Geschehnisse nun war Middendorffs Verhaftung und Inhaftierung erfolgt. (Helmut Lensing: „Die Schüttorfer Deutschen Christen und die Parteileitung hatten sich offensichtlich höheren Orts wegen dieser Vorfälle für eine Bestrafung Middendorffs eingesetzt.")

Doch der aufmüpfige Pastor hatte noch einmal Glück. Bereits nach elf Tagen Haft wurde er aufgrund einer telegrafisch erfolgten Anwei-sung des Oberstaatsanwalts beim Sondergericht in Hannover wieder aus der U-Haft entlassen. Ein angestrengtes Gerichtsver-fahren gegen ihn wurde eingestellt.

Noch im selben Jahr teilt der Präsident der Reichspressekammer Middendorff lapidar mit, dass Ermittlungen über ihn ergeben hätten, dass seine „Zuverlässigkeit und Eignung" als Mitglied der Reichs-pressekammer, in Frage gestellt werde. Er beabsichtige daher, „Sie aus meiner Kammer auszuschließen. Als Begründung hierfür würde mir die Tatsache genügen, dass Sie sich insbesondere nach der Reichstagswahl 1936 in einer Art und Weise politisch betätigt haben, die unter keinen Umständen tragbar ist." Allerdings werde ihm Gelegenheit gegeben, hierzu Stellung zu beziehen.

Infolgedessen bemüht sich Middendorff, so gut es ging (und so sachlich wie möglich, aber alles andere als unterwürfig) auf die von der Reichspressekammer doch sehr vage gehaltenen Beschuldigun-gen einzugehen. Daraufhin wird ihm lediglich erklärt: „(…) dass Sie in einem Schreiben an den Bürgermeister in Schüttorf Einspruch gegen die Art und Weise der Wahlpropaganda erhoben haben. Sie sagen darin, dass die Verkoppelung von Innen- und Außenpolitik Ihren Begriffen von Sauberkeit widersprechen würde. Darüber hinaus haben Sie Äußerungen über das Zustandekommen des Wahlresultates getan, die geeignet sind, eine erhebliche Unruhe in der Bevölkerung hervorzurufen Ich ersuche Sie nochmals um Stellungnahme."

Vergeblich versucht Middendorff, seine ihm endlich konkret vorgeworfene Handlungsweise in einem ausführlichen Schreiben zu erklären und zu rechtfertigen. Wenig später teilt ihm die Reichspressekammer in einem Schreiben vom 8. Oktober 1936 den (allem Anschein nach von Anfang an feststehenden) Ausschluss aus der Pressekammer mit. Die Folge ist, dass Middendorff als Schriftleiter des „Sonntagsblattes" zurücktreten muss, weil er „nicht bereit war, sich jederzeit rückhaltlos für den nationalsozialistischen Staat einzusetzen". Nach Middendorffs eigenen Worten hatte er die Kirchenzeitung „17½ Jahre lang redigiert und während der letzten Jahre in ihm den Kampf gegen falsche Kirche und Mythus unter großen Mühen (immer neue Beschlagnahme, Verbot, endlose Schriftwechsel, Prozesse bis zum Oberverwaltungsgericht) geführt".

Tausend fromme Schüttorfer singen ihren Pastor frei

Auch in Zukunft geriet Middendorff in noch manche Kämpfe und Konflikte wegen seiner kirchenpolitischen Einstellung. Sie können nicht alle aufgeführt werden. Unbedingt hingewiesen werden muss aber auf einen im Frühjahr 1937 erfolgten Vorfall, den man für die damalige Zeit nur als erstaunlich und außergewöhnlich bezeichnen kann, da er schon einer kleinen Revolte der Schüttorfer Bürger für ihren Pfarrer nahekam. Auslöser waren heftige Auseinandersetzungen um die evangelisch-reformierte Volksschule in Schüttorf. Deren kommissarischer Leiter war gemeinsam mit drei weiteren Lehrern – allesamt überzeugte Nationalsozialisten – demonstrativ aus der Kirche ausgetreten. Verständlich, dass man in der reformierten Kirchengemeinde nicht nur die weitere Gewährleistung der christlichen Ausrichtung der Schule in Gefahr sah, sondern auch eine Umwandlung der Konfessionsschule in eine „Deutsche Gemeinschaftsschule" befürchtete. In der Kleinstadt wurden Flugblätter verteilt, in denen die Eltern aufgefordert wurden, keinesfalls einer solchen Umwandlung zuzustimmen.

In dem Sonntagsgottesdienst vom 18. April 1937 nun lud der Kirchenrat der reformierten Gemeinde zu einer auf den Sonntagabend angesetzten Gemeindeversammlung ein, in der es um eine

Reaktion auf die Kirchenaustritte jener Lehrer und um die aktuelle Situation der Schule gehen sollte, wobei auch die Verabschiedung einer vorbereiteten Resolution gegen den weiteren Unterricht durch die aus der Kirche ausgetretenen Lehrer vorgesehen war. Als dann an jenem Abend Friedrich Middendorff das dicht gefüllte Gotteshaus betreten will, stellt sich ihm der als Kirchengegner bekannte Landrat Rosenhagen in SA-Uniform und in Begleitung von Polizisten in den Weg und untersagt ihm die Teilnahme an der Versammlung mit der Begründung, dass es nicht gestattet sei, öffentlich über Kirchenaustritte zu sprechen. Dann wird der Pastor zwangsweise ins Rathaus geführt. Woraufhin Middendorffs Amtskollege Cramer die Gemeindeglieder über den Vorfall aufklärt und die Versammlung auflöst.

Doch statt nach Hause zu gehen, versammeln sich die Menschen – rund 1000 Personen – auf dem Marktplatz vor dem Rathaus. Sie fordern nicht nur in Sprechchören lautstark die Freilassung ihres beliebten Pastors, sondern stimmen auch einen Choral nach dem anderen an. Das währt etwa zwei Stunden. Dann endlich haben sie Erfolg: Middendorff wird wieder freigelassen. Von der Bevölkerung begleitet und „beschützt", tritt er den Weg nach Hause an.

Doch in einem totalitären Staatssystem wird so ein „unerhörter" Vorfall nicht einfach vergessen. Als am 20. April der vorläufige Schulleiter seine endgültige Ernennung erhält, weist der Landrat Rosenhagen warnend darauf hin, „dass die gleiche Langmut und Rücksichtnahme wie bei den unwürdigen und skandalösen Vorfällen am letzten Sonntag hier in den Mauern Schüttorfs nicht wieder Platz greifen werden. Der Staat wird derartigen Versuchen, seine Autorität zu untergraben, mit allen und auch den letzten Mitteln zu begegnen wissen." Im Übrigen gehöre die Jugend dem Führer und sei zu nationalsozialistischen Menschen zu erziehen.

Noch am selben Tag wird der kirchentreue Lehrer Bergmann – er hatte, wie Middendorff angibt, „auf dem Marktplatz, seiner Verantwortung als Kirchenältester bewusst, zur Beruhigung der aufgebrachten Menge einige Choräle mit anstimmen helfen" – nach Lingen strafversetzt und aus der Stadt verwiesen. Und auch die den Nazis unliebsamen reformierten Pastoren Cramer und Middendorff wurden aus Schüttorf verbannt. Letzterer war am Morgen des 23. April von Beamten der Staatspolizei aufgesucht, in ein Auto verfrachtet und dann zunächst nach Aurich transportiert worden. Seine Ausweisung bezog sich auf den gesamten Regierungsbezirk Osnabrück und kurz darauf auch auf die Provinz Hannover insgesamt. Später wurde er auch noch aus dem Regierungsbezirk Düsseldorf gewiesen.

Dreimal inhaftiert

Am 25. Mai 1937 verhängt die Berliner Gestapo über Friedrich Middendorff ein Reichsredeverbot. Wobei diesem nicht ganz klar ist, ob damit auch das kirchliche Predigen gemeint ist. Nachdem er nun am 16. und 17. Juni in zwei Berliner Kirchengemeinden schon Wochen zuvor zugesagte Bekenntnisgottesdienste gehalten hatte, wird er noch am Abend des 17. Juni von der Gestapo verhaftet und am darauffolgenden Tag in das Gefängnis am Alexanderplatz gebracht. Über die Zeit seiner über 30-tägigen „Schutzhaft" hat Middendorff später ausführlich in einem Rundbrief berichtet. In ihm heißt es u.a.:

Im April 1936 habe ich im Amtsgerichtsgefängnis zu Bentheim elf Tage in Untersuchungshaft gesessen. Die Schutzhaft im ‚Alex' war dreimal so lang und wohl auch dreimal so schwer. (...) Quälend ist die Untätigkeit, zu der man in der Polizeihaft (...) verurteilt ist. Die armen Menschen, die nicht einmal eine Bibel haben, sondern höchstens ab und zu eine Zeitung oder gar nur das gelieferte Lokuszeitungspapier(!). Davon habe ich die ersten beiden Tage etwas gespürt, bevor ich durch die lieben Freunde meine Taschenbibel, mein griechisches Neues Testament und das Reimpsalmenbuch zugestellt bekam.

Middendorff spricht davon, dass die dreiunddreißig Tage seiner Schutzhaft „manchmal schwer (waren) durch Beklemmungen und Atemnot, die sich bei Tag und sonderlich bei Nacht einstellten". Zuweilen grübelt er, ob er auch recht gehandelt habe. Doch sei ihm schon schnell „klar und klarer" geworden: „Der Kampf musste sein, und er muss weitergehen!" Entscheidend sei ihm bei allem die Gewissheit gewesen: „Ich habe meine Gerechtigkeit nicht in mir selbst. Gott ist es, der gerecht spricht!" Phasenweise bedrängt den Gefangenen auch die Ungewissheit über seine weitere Zukunft. Dann fragt er sich bange, wie lange er noch einsitzen muss. Oder ob er gar in ein Lager geschickt wird. Und auch sonst erlebt er Stimmungsschwankungen. („So ist nun einmal das Menschenherz!") Wie sehr ihm Bibellese und Gebet eine Stütze sind, machen folgende Sätze deutlich:

Morgens fing ich immer mit dem Psalm an, der dem Tage meiner Haft entsprach, z.B. am 17. Tag den 17. Psalm usw. (…) Zugleich sang ich mit leiser Stimme die gereimten Psalmen, soweit ich die Melodien kannte, (…) natürlich auch Choräle und Lieder. Wehmütige Gedanken wurden durch Loblieder vertrieben. (…) Selten habe ich mit solch' gesammeltem Sinn, mit solch' lebendiger Aufmerksamkeit die Heilige Schrift lesen können wie hier in der stillen Zelle. In meiner Lage erwiesen sich mir viele Bibelworte ganz gegenwartsnah, mich unmittelbar ansprechend. Vom Innersten redet man nicht gerne, aber ich darf bezeugen, wie eine Gefängniszelle zum Gebetskämmerlein werden kann und wie in dem engen Raum das Herz ganz weit wird (…)"

Am 20. Juli 1937 wurde Friedrich Middendorff aus der „Schutzhaft" entlassen. Eine Zeitlang wurde er aushilfsweise in einer Gemeinde in Duisburg eingesetzt und dann nach längerer Wartezeit schließlich ab dem 1. April 1938 als Vakanzpastor in Hamburg-Altona. Und auch weiterhin setzte er seine Tätigkeit für die Bekennende Kirche fort. In Hamburg nun sollte Middendorf erneut unliebsame Bekanntschaft mit dem Gefängnis machen. Er hatte einen Bericht über eine Konferenz der Bruderräte, bei der auch der bekannte BK-Pfarrer Hans Asmussen eine Trauer- und Gedächtnisandacht für den im KZ umgekommenen Dickenschieder Pfarrer Paul Schneider gehalten hatte, in einem geschlossenen Brief an seine Auftraggeber versandt. Dieser Brief war in die Hände der Gestapo gefallen und von ihr geöffnet worden. Da er nach ihrer Ansicht belastendes Material enthielt, wurde Middendorff erneut verhaftet und vom 15. August bis zum 12. Dezember 1939 im Polizeigefängnis in Hamburg-Fuhlsbüttel in strenger Einzelhaft gehalten.

Nach dem Ende des Dritten Reiches konnte Friedrich Middendorff wieder nach Schüttorf zurückkehren und der dortigen Gemeinde weiter als Pastor dienen. Daneben war er von 1946 bis 1953 Kirchenpräsident seiner reformierten Landeskirche und gehörte von 1949 bis 1955 der Synode der EKD an. Auf dem Landeskirchentag der Evangelisch-reformierten Kirche in Norddeutschland am 15. Oktober 1946 in Leer, dem ersten nach dem Krieg, hatte Middendorff einen ungeschminkten Rückblick auf das Verhalten seiner Kirche während der vergangenen Jahre der Nazizeit gehalten und dabei u.a. gemeint:

Es gibt in unserer Landeskirche und ihren Bezirken eine Richtung, die etwa so denkt: Die Dämonie des Nationalsozialismus haben wir im Unterschied von der BK nicht früh genug und klar erkannt und sind dadurch zu manchen falschen Formulierungen und auch hin und wieder zu unrechtem Handeln gekommen. (…) Im Übrigen war bei uns alles in guter, beneidenswerter Ordnung. (…) Wenn wir uns auf die Verkündigung der Wahrheit der Heiligen Schrift beschränkten, (…) dann machten wir uns selbst und anderen keine Ungelegenheiten, dann war schließlich auch der Staat mit uns zufrieden. (…)

Was war der Eindruck, den man durch diese Haltung erweckte? Man könne zugleich ein treuer reformierter Christ und ein guter Nationalsozialist sein. Es wurde sogar unterschrieben: ‚Die nationalsozialistische Weltanschauung als völkisch-politische Lehre ist für jeden evangelischen Christen verbindlich.' (…) So redete und schwieg man zugleich. Man schwieg zu der Euthanasie und zu den Judenmorden. (…) Man konnte nicht predigen: ‚Es ist in keinem anderen Heil', wenn man nicht laut die Gemeinden vor denen warnte, die das Heil in einem anderen verhießen. Das Bekenntnis hilft uns nicht, wenn wir es nicht auch bekennen.

Es gab in der Landeskirche und den Bezirken noch eine andere Richtung: die Bekenntnisgemeinschaft. Am 17. Oktober 1934 hatte der Landeskirchentag eine einmütige Entschließung gefasst, in der er seiner Freude darüber Ausdruck gab, dass unser Verhältnis zu dem (doch gerade damals mit Lüge und Gewalt arbeitenden) Reichskirchenregiment nicht gestört sei, und in der man nicht wagte, Irrlehre Irrlehre, Unrecht Unrecht zu nennen. Dagegen traten die Hälfte der Pastoren unserer Landeskirche auf, und viele Nichtpastoren schlossen sich an. So entstand die Bekenntnisgemeinschaft. (…) Der Weg der Kirche ist ein falscher gewesen; weder zum nationalsozialistischen Staate noch zur BK ist die rechte Stellung gefunden. Man ging mehr den Weg der Berechnung als des Glaubens. (...)

Trotz (oder wegen?) dieser klaren, kritischen Worte wurde Middendorff auf dem Landeskirchentag zum Kirchenpräsident seiner reformierten Landeskirche gewählt (bis 1953). Auch gehörte er von 1949 bis 1955 der Synode der EKD an. Für Irritationen sorgte Middendorff jedoch im Alter, als er sich bei der Bundestagswahl 1961 öffentlich für die linksgerichtete „Deutsche Friedensunion" (DFU) einsetzte und zwei Jahre später bei der niedersächsischen Landtagswahl 1963 sich sogar als deren Spitzenkandidat in seinem Wahlkreis aufstellen ließ.

Während der Zeit des Dritten Reiches hatte Friedrich Middendorff manches Schwere durchmachen müssen. Man denke nur an seine Gefängnisaufenthalte. Und auch sonst blieb ihm in seinem Leben Leid nicht erspart. Von seinen drei Söhnen fielen zwei im Krieg. Auch hatte seine Frau 1946 einen schweren Schlaganfall erlitten, der sie linksseitig lähmte. Friedrich Middendorff selbst starb am 13. Mai 1973 im Alter von 90 Jahren, nachdem er tags zuvor auf seinem obligatorischen Morgenspaziergang von einem Auto angefahren und schwer verletzt worden war.

Anmerkungen

(1) Im Januar 1935, und damit zu einem Zeitpunkt, als die National-sozialisten bereits seit zwei Jahren die Regierung im Land übernommen hatten, stellte Middendorf in einem Vortrag auf einer Jungmännerfreizeit im Bad Bentheimer Ortsteil Gildehaus klar: „Wer den nordischen Menschen vergottet und gegen den Christus der Bibel streitet, der nimmt Gott seine Ehre und tut Totengräberarbeit an unserem deutschen Volke. Denn Gott wird sich solches nicht gefallen lassen; er ist nicht gewillt, die Ehre, die allein ihm, dem Schöpfer, zukommt, dem Geschöpf zu geben, und wäre es der nordische Mensch. (...) Wir bestreiten denen, die uns den Mythus des Blutes, den Mythus der Rasse und der Nation predigen, dass sie bessere Deutsche seien als die Christen, denen der Herr über alles steht."

Literatur- und Quellennachweis

Die Zeit 1933-1945. https://www.reformiert.de/zeit-1933-1945.html
Donker, Antje: Friedrich Justus Heinrich Middendorff.
https://bibliothek.ostfriesischelandschaft.de/wp-content/uploads/sites/3/dateiarchiv/2570/
Middendorff-Friedrich.pdf bzw. BLO I. Aurich 1993, S. 255f
Lensing, Helmut: Der reformierte Bekenntnispastor Friedrich Middendorff und der
‚Kirchenkampf' in Schüttorf. In: Osnabrücker Mitteilungen, Bd. 114. Osnabrück 2009, S. 147-
192
Friedrich Middendorff. https://de.wikipedia.org/wiki/Friedrich_Middendorff
Friedrich Middendorff: Der Kirchenkampf in einer reformierten Kirche. Geschichte des
Kirchenkampfes während der nationalsozialistischen Zeit innerhalb der Evangelisch-
reformierten Kirche Nordwestdeutschland. Göttingen 1961
Friedrich Middendorff: Der Kirchenkampf in einer reformierten Kirche. Auszüge aus dem 1961
erschienen Buch. In: Die Evangelisch-reformierte Kirche in Nordwestdeutschland. Beiträge zu
ihrer Geschichte und Gegenwart. Bearbeitet von E. Lomberg, G. Nordholt u. A. Rauhaus.
Weener 1982, S. 279-289
Koch, Karl: Friedrich Middendorff (1926 bis 1956). Ein Pastorenname als Markenzeichen für
eine Stadt. In: 700 Jahre Stadtrechte Schüttorf (Das Bentheimer Land, Bd. 134). Bad
Bentheim 1995, S. 213-221
Schmidt, Hans-Jürgen: Im Gefängnis. Ein Bericht von Pastor Friedrich Middendorff über seine
Haft in Berlin im Jahre 1937. In: Bentheimer Jahrbuch 2007 (Das Bentheimer Land, Bd. 180).
Bad Bentheim 2006, S. 269-280

Harmannus Obendiek – „Aus dem reformierten Kirchenkampf nicht wegzudenken"

Frühe Leiderfahrungen

Harmannus Obendiek hat schon früh im Leben manche Leiderfahrungen durchmachen müssen. Schon seine Geburt scheint nicht komplikationsfrei verlaufen zu sein. Jedenfalls ließ er jemandem, der ihm zu seinem 50. Geburtstag gratulieren wollte, aber unsicher war, ob es mit den entsprechenden Geburtstagsdaten seine Richtigkeit habe, nicht ohne humorigen Unterton wissen: „(...) teile ich mit, dass ich am 19. September 1894 in diese arme Welt kam, zweifellos widerwillig, wohl in der prädisponierten Erkenntnis dessen, was hier seit dem Sündenfall los ist. Denn der Arzt ist vor fünfzig Jahren mit seinen Instrumenten gekommen, um meinen Widerwillen gegen das Ans-Licht-Kommen zu brechen. Es ist ihm gelungen, dessen ist meine leibliche Existenz Zeuge."

Der Vater von Harmannus Obendiek betrieb in Weener/Rheiderland eine Töpferei, gab diese aber infolge der zunehmenden Industrialisierung um 1900 wieder auf. Er hatte erst spät seine Frau Etje, geb. Lünemann, geheiratet und war kurz nach Aufgabe seiner bisherigen Tätigkeit gestorben. Zurück blieb die Witwe mit zwei Kindern: dem kleinen Harmannus und seiner zwei Jahre älteren Schwester. Doch auch diese verstarb schon bald nach dem frühen Tod ihres Vaters. Harmannus hatte jetzt nur noch seine Mutter, die ihn erzog. Später bekundete er: „Ich musste in frühesten Kindheitstagen an den Särgen lieber Menschen stehen, und meine frühesten Kindheitserinnerungen bilden nicht das Märchenland ungetrübter Kinderfreude, sondern sind mit Krankheit und Tod der nächsten Angehörigen verwoben."

Der Halbwaise besuchte in Weener zunächst die Volksschule und die Lateinschule. Dann wechselte er über auf das Gymnasium in Papenburg und später auf das in Leer. Nach seinem Abitur im Jahr 1914 begann er in Tübingen Theologie zu studieren. Im März des darauffolgenden Jahres wurde er zum Kriegsdienst eingezogen. In diesem Ersten Weltkrieg (1914-1918) war er Soldat bei der bespannten Artillerie, wo er als Telefonist eingesetzt wurde. Nach dem Krieg meinte Oberdiek sein Theologiestudium nicht mehr weiter betreiben zu können, daher schrieb er sich an der Universität in Göttingen erst einmal für das Jurastudium ein. Voraufgegangen war eine ernste Glaubenskrise, die durch die Kriegseindrücke ausgelöst worden war. Wir erfahren hierüber durch eine Predigt, die Obendiek später bei seinem Dienstantritt als Pfarrer in Hinte hielt. Dabei hatte er die Gemeinde wissen lassen:

Schon als Knabe stand es mir als der Traum meines Lebens vor Augen, einmal als Prediger auf der Kanzel stehen zu dürfen. So wurde ich nach Abgang von der Schule Theologe. Auch damals glaubte ich etwas von Gott zu wissen, und doch war dieses Wissen um Gott nicht im heißen Kampf errungen, nicht im Sturm des Lebens geläutert und erprobt. Ich glaubte (…), weil es mir im Elternhaus, in Schule und Kirche so gesagt war. (…) Die Welt lag voller Sonnenschein vor meinen Augen; (…). Und plötzlich kam der Sturmwind des Krieges und zerbrach meinen Glauben, (…). Ich sah nicht Gerechtigkeit, sondern Ungerechtigkeit; ich sah nicht Wahrheit, sondern Lüge; ich sah nicht Güte und Treue, sondern Hartherzigkeit und Untreue. (…) Nun beging ich den großen Fehler, an dem so viele Menschen seit dem Geschehen des Krieges kranken: ich machte Gott verantwortlich für das Bild der Wirklichkeit, das ich jetzt sah. Ich machte den Fehler, dass ich Gott und Welt, Gott und Mensch miteinander verwechselte. (…) Ich konnte nicht mehr Prediger werden. Schweren Herzens habe ich die Folgerung gezogen und bin zur Rechtswissenschaft übergegangen."

Doch Obendieks Glaubens- und Lebenskrise ist nicht von Dauer. Schon bald wendet er sich mit wiedererlangter Glaubensfreude und -gewissheit dem weiteren Theologiestudium zu. Denn auch diese Erfahrung hatte der in seinem Glauben angefochtene und verunsicherte Student in jener Zeit gemacht – und dieses Erleben überwand schließlich seine Nöte: „In Not und Zusammenbruch", so teilte er in jener Einführungspredigt der Hintener Gemeinde mit, „wurde mir das Wort mitgegeben: Ich werde nicht sterben, sondern leben und des Herrn Werke verkündigen. So komme ich zu euch, der selber von Gott den Weg der Selbstbescheidung geführt wurde, indem er mir zeigte, dass das Heil in Gerechtigkeit und Wahrheit, in Güte und Treue nicht bei Menschen, weder bei anderen noch bei mir liegt, sondern *allein* bei dem Herrn."

Obendiek war nach Wiederaufnahme seines Theologiestudiums bemüht gewesen, durch konzentriertes Arbeiten möglichst früh das Studium abschließen zu können. Schließlich war durch die Kriegsjahre viel Zeit verloren gegangen. Daher machte er als Kriegsteilnehmer von der Möglichkeit Gebrauch, sich bereits nach insgesamt sechs Semestern zum Theologischen Examen zu melden. Dieses legte er dann auch im Frühjahr 1921 vor dem Konsistorium der Evangelisch-reformierten Kirche in Aurich ab.

Danach verwaltete Obendiek als Hilfsprediger von Ostern 1921 bis Mai 1922 die Pfarrstelle von Klein-Midlum. Anschließend gewährte ihm das Konsistorium einen längeren Urlaub, in dem er Studien zu Martin Luther betrieb. Nachdem die reformierte Gemeinde Hinte ihn am 6. Oktober 1922 zu ihrem Pastor gewählt hatte, fand am 19. November seine dortige Ordination statt. Wenige Tage zuvor hatte er Hedwig Lydia Müller aus Varel geheiratet. Doch das eheliche Glück währte nur allzu kurz. Etwa zwei Wochen nach der Geburt ihres ersten Kindes, das wie sein Vater den Namen Harmannus erhielt, starb sie Anfang Oktober 1923 – erst 23-jährig. Dieser Sohn erlitt ein halbes Jahr später eine Hirnhautentzündung, wovon er eine schwere geistige Behinderung davontrug. Er wurde nur 17 Jahre alt.

Segensreicher Dienst in verschiedenen ostfriesischen Gemeinden

Die Gemeinde Hinte stellte für ihren neuen Pastor ein „hartes Pflaster" dar. In dieser Emder Vorortgemeinde waren viele Hafen- und Werftarbeiter. Sie waren zum Teil noch geprägt durch die revolutionären Ereignisse im November 1918 und den darauffolgenden Monaten. Damals hatte sich in der Seehafenstadt ein Arbeiter- und Soldatenrat gebildet, der als besonders radikal galt und für eine Zeitlang die zivile und militärische Gewalt übernommen hatte. Auch wenn in Hinte die Arbeiter in der Regel noch nominelle Kirchenmitglieder waren, so standen doch nicht wenige von ihnen in einem distanzierten bis aggressiven Verhältnis zum christlichen Glauben. Auch Trunksucht war in dem Ort verbreitet. Überhaupt lag das geistliche Leben in der Gemeinde erschreckend darnieder.

Gleich in seiner Antrittspredigt gibt Obendiek den vielen anwesenden Gottesdienstbesuchern zu verstehen, dass er der Gemeinde nicht nach dem Mund reden und kein bequemer Pastor sein will. Er hatte der Predigt den Text aus Psalm 40, 10-13 zugrundegelegt, in dem es heißt: „Ich will predigen die Gerechtigkeit in der großen Gemeinde; siehe, ich will mir meinen Mund nicht stopfen lassen. Herr, das weißt du." Daraufhin führte er u.a. aus: „Mit der Predigt von der Gerechtigkeit und Wahrheit Gottes muss es zur Gegnerschaft kommen; denn dies Wort richtet und straft, demütigt und macht klein. Ich will nur auf die Möglichkeit hinweisen, dass ich in scharfer und bewusster Weise dem Teufel Alkohol zu Leibe gehen müsste. Wird das nicht vielen unangenehm sein? Werden viele mir darum nicht gram werden? Was soll ich wählen? Ich will predigen die Gerechtigkeit in der großen Gemeinde; siehe, ich will mir meinen Mund nicht stopfen lassen. (…) Ich denke nicht an meine Kraft und euer Entgegenkommen. Alle menschlichen Kräfte versagen, und ich kann mein Herz nur zu der Bitte schicken: Du aber Herr … (…) Mit dieser Bitte scheide ich mich von Menschen, um nur an Gott gebunden zu sein."

In dieser Predigt zeigt sich bereits, was auch zukünftig für Obendieks Selbstverständnis als Pastor bezeichnend sein sollte: seine Unabhängigkeit von Menschengunst und -meinung auf der einen und eine vorrangige, ihn verpflichtende Gebundenheit an Gott und seinem Wort auf der anderen Seite. Bereit, wenn es sein muss, für seine Überzeugungen auf Widerspruch und Widerstand zu stoßen und vor ihnen nicht zurückzuweichen.

Es sollte ein schwerer Kampf werden, den Harmannus Obendiek in Hinte austrug. Verschiedentlich drängt sich ihm sogar der Eindruck auf, es direkt mit dämonischen Mächten zu tun zu haben. Doch mehr und mehr dringt er mit seiner klaren, kräftigen Botschaft vom Heil in Jesus Christus durch. Auch findet er den rechten Zugang zu den anfangs verhärteten Herzen der Menschen. Das liegt auch an seinen regelmäßigen Besuchen der einzelnen Gemeindeglieder sowie seiner starken seelsorgerlichen Begabung.(1) Wobei ihm neben seiner ernst- und gewissenhaften Art auch eine Portion Humor zugutekommt. Die Kirche ist nicht nur Sonntag für Sonntag voll besetzt von den eigenen Gemeindegliedern (und das in Hinte!), auch auswärtige Gottesdienstbesucher stellen sich ein. In der Filialgemeinde wird der alle 14 Tage in einer Gaststätte abgehaltene Gottesdienst in eine Privatwohnung und schließlich wegen der vielen Teilnehmer in ein Kornhaus verlegt. Auch richtet Obendiek

einen Kindergottesdienst ein und ruft neben dem schon bestehenden Mädchenkreis auch einen Kreis für junge Männer ins Leben.

Wie in einigen anderen ostfriesischen Landgemeinden – etwa in
Rysum durch Karl Immer oder in Manslagt durch Hermann Immer –
so bricht durch Obendieks Dienst auch in Hinte erweckliches Leben
in der Gemeinde aus. So dass er Jahre später rückblickend bezeugen konnte: „Es ist in diesen Tagen gerade 23 Jahre her, dass mir
der selbständige Dienst anvertraut wurde in einer schweren
Gemeinde in Ostfriesland. Aber ich denke mit aller Freude an diesen
schweren Anfang zurück, da Gott mir damals durch alle Hindernisse
hindurch einen wirklich sieghaften Anfang schenkte mit dem Zeugnis
seines Wortes. Die Schlafenden wurden erweckt, und die Sünder
bekehrten sich zu Gott und fanden Frieden. Es wurde ein Neues."

Das alles geschah in einer erstaunlich kurzen Zeit. Denn bereits im
September 1925 wechselte Obendiek in die kleine Gemeinde
Nüttermoor. Wie er es später einmal Paul Humburg, dem Präses der
Bekennenden Kirche im Rheinland und ehemaligen Gemarker
Amtsbruder, mitgeteilt hat, geschah der Wechsel, „weil ich körperlich
nicht mehr konnte, damals von meinen Koliken schwer heimgesucht
wurde und also Ruhe nötig hatte". Überhaupt hatte Obendiek ja –
bei allem Schönen, das er in Hinte *auch* erlebt hatte – durch viel
persönliches Leid in jener Zeit hindurchgehen müssen, in der ihm
bekanntlich die erste Frau nach nur einjähriger Ehe von der Seite
gerissen worden und der neugeborene Sohn bald darauf an Hirnhautentzündung folgenschwer erkrankt war (siehe oben). So teilte er
dann auch den Gemeindegliedern in Hinte bei seiner Abschieds-
predigt mit: „Wenn ich Tage und Nächte am Rande der Verzweiflung
wandelte, wenn zum Leid satanische Mächte sich hinzugesellten,
wenn die Nerven gegenüber solcher Last ihren Dienst versagen
wollten und ich doch nicht in die Tiefe stürzte, so ist mir das ein
Beweis der Liebe und der Macht des Gottes, der die Seinen weiß zu
erhalten und zu bewahren."

In Nüttermoor konnte Obendiek, der im Dezember 1925 seine
zweite Frau Anna, geb. Höfker, geheiratet hatte, wieder neue Kräfte
sammeln. Er fand sogar Zeit, in christlichen Zeitschriften zu publizie-
ren und verschiedentlich Vorträge zu halten, wodurch er überörtlich
bekannt wurde.

Auch in Nüttermoor hat Obendiek nicht lange als Pastor gewirkt. Schon früh erreichte ihn eine Anfrage der großen reformierten Barmen-Gemarker Gemeinde, ob er nicht dorthin wechseln wolle. Obendiek entschied sich aber für die reformierte Landgemeinde Ihrhove, die ebenfalls um ihn geworben hatte, und in die er Anfang Oktober 1927 eingeführt wurde. Es war eine lebendige Gemeinde, die der neue Pastor hier vorfand. Missionsfeste und Evangelisationen wurden in ihr durchgeführt. Und wie bei seinen vorherigen Dienstorten, so suchte auch hier Obendiek die Menschen in ihren Häusern und Höfen auf. Da er es auf diesen Wegen immer eilig und sich daher eine schnelle Gangart angewöhnt hatte, wurde er nach der finnischen Langstreckenläuferlegende auch „Nurmi" von den Bewohnern genannt.

In Ihrhove betrieb Obendiek ebenfalls weitere theologische Studien. Anfang 1931 erwarb er mit der Arbeit „Der Teufel bei Martin Luther" an der evangelisch-theologischen Fakultät Münster den akademischen Grad eines Lizentiaten der Theologie (lic. theol.). Schon zuvor waren von ihm die Schriften „Satanismus und Dämonie" (1928) und „Der alt böse Feind" (1930) veröffentlicht worden. Hans-Georg Ulrichs nimmt an, dass Obendieks „Beschäftigung mit der Dämonologie kein Selbstzweck (war), sondern auch mit Blick auf einen poimenischen (seelsorgerlichen) Nutzen (geschah). Auch diente ihm dieses Thema wenige Jahre später, früher als andere den Charakter des Nationalsozialismus zu durchschauen." Denn Obendiek sah auch in geschichtlich-politischen Ereignissen und Phänomenen eine unter- und hintergründige Macht des Bösen wirksam. Er vertrat die Überzeugung, dass „alle Geschichte und damit auch alle Fragen der Zeit vom Kreuz her" zu sehen seien.

Bewährt im Kirchenkampf

Im Jahr 1931 erging erneut ein Ruf der reformierten Gemeinde Barmen-Gemarke an Obendiek. Und diesmal folgte der ostfriesische Pastor dem Ruf ins Wuppertal. Am 28. Juni 1931 trat er hier seinen Dienst an. Die große Kirchengemeinde war in sechs Bezirke eingeteilt, für die jeweils ein Pastor zuständig war. Obendiek bekam den 3. Pfarrbezirk zugewiesen. Die sechs Gemeindepfarrer, die in turnusmäßiger Abfolge in den verschiedenen Gottesdienststätten der Gesamtgemeinde zu predigen hatten, harmonierten miteinander sehr gut und ergänzten sich hervorragend. In ihrer geistlichen und bibelbezogenen Ausrichtung wussten sie sich einig. Das galt übrigens auch für das Presbyterium. Das alles sollte sich in der Zeit des bald ausbrechenden Kirchenkampfes als sehr wichtig und hilfreich erweisen. Zu Recht meint dann auch Robert Steiner: „Die Gemeinde Gemarke (...) hätte nicht solchen Widerstand leisten können, wenn sie nicht Männer in ihrer Leitung gehabt hätte, die eine klare Erkenntnis für das hatten, was auf dem Spiel stand, die alles einsetzten, um bei dem Wort des dreieinigen Gottes und dem Bekenntnis der Gemeinde zu bleiben. (...) Vielleicht war es das Besondere in der Gemeinde Gemarke, dass das ganze Presbyterium und der größte Teil der Gemeindeglieder bewusst und entschieden auf der Seite der Bekennenden Kirche standen, so dass hier mehr als in anderen Gemeinden gewagt werden konnte. (...) Die Einmütigkeit der Pastoren der Gemeinde blieb erhalten. Sie standen alle auf der Seite der Bekennenden Kirche. (...) Es ging der Gemeinde darum, dass der Kampf geistlich und in der Verantwortung vor Gott geführt wurde. Deshalb ist in diesen Jahren viel gebetet worden. (...) Alle Fragen, die auf die Leitung der Gemeinde zukamen, sollten von dem Wort Gottes her beantwortet werden."

Seine Gemeinde ließ Obendiek nie im Unklaren darüber, dass der „Kampf", der gegen die unheilvollen Einflüsse der „Deutschen Christen" und der nationalsozialistischen Ideologie und den Bestrebungen des Staates nach Gleichschaltung der Kirchen, nicht leicht sein, sondern dem an die Heilige Schrift gebundenen Christen alles abverlangen würde. Dabei war er in seiner geistlichen Analyse klar, unbestechlich und illusionslos. So äußerte er im Gemeindebrief vom Dezember 1935: „Auch die Unruhe des Kampfes, der wir im letzten Jahr bis zu dieser Stunde preisgegeben sind, sollte die Gemeinde gemahnen, dass sie wachen, flehen und beten möchte, um zu überwinden. Bei allem Verlangen nach Ruhe können wir es ja nicht vergessen, dass wir auf Erden immer nur Glieder der streitenden Kirche sind. Wir müssen es den Gliedern der Gemeinde bezeugen, dass die Stunde da ist, aufzustehen vom Schlaf (Röm. 13,10), und dass es nötig ist, aller Unklarheit in unserer Mitte zu wehren." Ein Jahr später schrieb er im Gemeindebrief zum Jahreswechsel 1936/37: „Aber wir zittern nicht nur um die Seele unseres Volkes, sondern um uns selber, weil die Entscheidungen immer schwerer werden. Es geht über Menschenkraft, den Namen des Herrn allein zu fürchten, weil unser Herz ein trotziges und böses Ding ist. Es kommt hinzu, dass wir in einer Welt leben, die der Wahrheit Gottes ins Angesicht widerstehen will."

Im Januar 1934 wurde Harmannus Obendiek in das Moderamen (Leitungsgremium) des Reformierten Bundes gewählt. Der Reformierte Bund ist eine Föderation von zahlreichen Gemeinden (und auch Einzelpersonen) der Evangelisch-reformierten Kirche und der unierten Kirchen in Deutschland. Obendiek war nicht unwesentlich daran beteiligt, dass sich der Reformierte Bund (im Gegensatz etwa zur Leitung der Evangelisch-reformierten Kirche der Provinz Hannover) der Bekennenden Kirche anschloss. Kennzeichnend für seinen Standort ist ein Vortrag, den er unter dem bezeichnenden Thema „Lehre und Ordnung der Kirche sind bedroht" auf einer Rüstzeit in Bad Salzuflen hielt, die dem Reformierten Kirchenkonvent im April 1934 in Osnabrück vorgelagert war. In ihm stellte er u.a. fest: „Wir haben die Kirche auf Erden ganz ernst zu nehmen und dann darum zu wissen, dass sie nur eine bedrohte sein kann. Die Kirche, die den Gekreuzigten bekennt, kann es nicht übersehen und leugnen, dass es eine Macht der Finsternis gibt, die Christus an das Kreuz gebracht hat und die Gemeinde des Christus bedroht. Die Kirche ist in Lehre und Ordnung bedroht, wenn sie dem Zeitgeist nachredet, anstatt um den Heiligen Geist zu beten."

Auf der berühmt gewordenen ersten Bekenntnissynode der Deutschen Evangelischen Kirche in Barmen-Gemarke Ende Mai 1934 wurde Obendiek als theologischer Berater zu den Sitzungen herangezogen, auf denen gemeinsam mit dem bekannten Theologieprofessor Karl Barth der Wortlaut der Theologischen Erklärung erörtert wurde, die dann auf der Synode verabschiedet werden sollte. Später hat Obendiek auf so manchen Synoden der Bekennenden Kirche im Rheinland und der Altpreußischen Union, zu denen er entsandt worden war, Referate zu halten gehabt.

Neben seinem Pfarramt wirkte Obendiek seit 1932 auch als Dozent für Praktische Theologie an der Theologischen Schule in Elberfeld und seit 1935 an der Kirchlichen Hochschule in Elberfeld. Letztere war in jenem Jahr von der Bekennenden Kirche als „Hochschule für reformatorische Theologie" gegründet und zeitgleich zu ihrer Gründung von der Gestapo wieder aufgelöst worden. Seitdem fand sie Aufnahme in der Theologischen Schule in Elberfeld (als „Abteilung B"). Doch wurde auch diese theologische Ausbildungsstätte im Dezember 1936 verboten und geschlossen. Daraufhin führten Obendiek und andere Lehrer ihre Lehrtätigkeit bis etwa Mai 1941 im Verborgenen durch.

Harmannus Obendiek dachte sehr hoch von seinem Pastoren- bzw. Predigtamt. Er vertrat die Meinung, dass „alle Predigt Evangeliumspredigt" zu sein habe, „und alle Evangeliumspredigt Missionspredigt ist". In seiner persönlichen Lebensführung, bei der Beurteilung von gemeindlichen, theologischen und kirchenpolitischen Fragen wie auch in seiner Verkündigung war ihm stets das Bedenken und Bewegen des Wortes Gottes fundamental wichtig. Gottes Wort und menschliches Meinen wollte er unbedingt unterschieden wissen. Diese primäre Gebundenheit an die Heiligen Schrift bedingte auch seine auffallende geistige Unabhängigkeit und seine spürbare geistliche Vollmacht. Er war der Ansicht, dass „schriftloses Denken an seinem eigenen Übermut zugrunde geht". Auch meinte er einmal: „Jeder Bibelleser wird aus der Enge in die Weite geführt. Die schlichte Großmutter, die in der Dachstube ihre Bibel liest, weiß um Völkergeschehen und Weltgeschichte; sie denkt in größeren Räumen als der Mann, der mit der Zeitung in der Hand auf seine Bildung stolz ist." Diese Aussage lässt aber auch erkennen, dass Obendiek in eschatologischen Dimensionen dachte.* Die Wiederkunft Christi war ihm dabei ein Quell der Hoffnung und der Zuversicht. Und so wies er in den Wirren und Erschütterungen der letzten Jahre des Dritten Reichs die Gläubigen auf den Tag hin, von dem Christus seinen Jüngern gesagt hat, dass sie ihn „nichts mehr fragen werden" (Joh. 16,23) – jener Tag, von dem es jetzt schon prophetisch heißt und an dem sich einst bewahrheiten wird: „Es sind die Reiche der Welt unseres Herrn und seines Christus geworden und er wird regieren von Ewigkeit zu Ewigkeit!" (Offenb. 11,15) „Von diesem Tage her", so führte Obendiek weiter aus, „wird uns alle Geschichte und auch unsere Zeit erleuchtet. So werden wir getrost, auch wo wir vor uns Unvollendetes, Zerschlagenes und Zertrümmertes sehen. Von diesem Tage her finden wir Antwort auf unsere Fragen. – Er wird wiederkommen und auferwecken und richten und heimführen und alles vollenden."

* Eschatologie ist die biblische Lehre von den „letzten Dingen".

Die Predigt und die Gemeindearbeit waren für Obendiek immer vorrangig. Das galt für ihn auch, als er nach dem Ende des Zweiten Weltkriegs seine Dozententätigkeit an der wiedereröffneten Kirchlichen Hochschule Wuppertal wieder aufnahm.(2) Er wollte die Gemeindearbeit mit der Hochschularbeit organisch verbunden sehen, und so blieb er auch weiterhin – wenn auch seit 1952 nicht mehr im Hauptdienst – Gemeindepfarrer mit regelmäßigem Predigtdienst.

In den Nachkriegsjahren war Harmannus Obendiek Delegierter beim Reformierten Weltbund und auf Weltkirchenkonferenzen. So auch 1954 auf der Generalversammlung des Reformierten Weltbundes in Princeton/USA und der anschließenden Weltkirchenkonferenz in Evanston. Als er im Anschluss an diese beiden Konferenzen eine Predigt- und Vortragstour durchführte, verunglückte er am 14. September 1954 bei einem Verkehrsunfall in der Nähe von Rapid City/South Dakota tödlich.

Was Obendieks Wirksamkeit während der Nazizeit im Kirchenkampf betrifft, so urteilt Hans-Georg Ulrichs, dass jener bei seinen vielen Funktionen, die er damals ausgefüllt habe – teilweise auch in Vertretung anderer Amtsbrüder – „nicht wegzudenken (ist) aus dem reformierten Kirchenkampf". Und das, obwohl er „selten ganz im Vordergrund" gestanden habe.

Anmerkungen

(1) „Es geht uns, was die Seelsorge angeht", so hat Obendiek später über den pastoralen Dienst der Seelsorge geschrieben, „niemals um eine seelsorgerliche Methodik, so sehr wir jede angebotene Hilfestellung annehmen wollen. Selbst die Methodik wollen wir nicht ohne Beobachtung der biblischen Geschichte und der in ihr bezeugten Offenbarung sehen. An diesem Maßstab sind alle Hilfen etwas psychologischer Art zu messen." Robert Steiner weist in dem Zusammenhang darauf hin, dass für Obendiek „Seelsorge nicht eine Privatangelegenheit des Pastors (ist); er hat sie vielmehr zu seinem ihn verpflichtenden Dienst zu rechnen. Dementsprechend hat Obendiek selbst die Seelsorge in seiner Gemeinde (gemeint ist hier die Barmen-Gemarker Gemeinde; M.H.) ausgeübt. Hatte Paul Humburg (Obendieks Amtskollege in Barmen-Gemarke; M.H.) nicht immer seine Brüder ermahnt, ‚ein gutes Wort von Jesus zu sagen'? Dass dieses zur rechten Zeit bei den Hausbesuchen geschehen müsste, darüber war sich Obendiek klar. Er wusste, dass es nicht bei einem unverbindlichen

Gespräch bleiben durfte. Er hat nicht nur trotz seiner vielen Arbeit seine regelmäßigen Hausbesuche gemacht, es haben ihn auch viele aufgesucht, die seinen Rat und seine Hilfe begehrten. Sehr oft kamen auch solche zu ihm, die nicht zur Gemeinde gehörten."

(2) Nach dem Krieg hat Obendiek verschiedentlich Angebote auf theologische Lehrstühle von verschiedenen Universitäten erhalten, sie aber stets abgelehnt.

Literatur- und Quellennachweis

Braselmann, Werner: Aus der Enge in die Weite. In: Robert Steiner: Harmannus Obendiek. Neukirchen 1955, S. 7-24

Emden zur Zeit der Weimarer Republik.
https://de.wikipedia.org/wiki/Emden_zur_Zeit_der_Weimarer_Republik

Kirchliche Hochschule Wuppertal.
https://de.wikipedia.org/wiki/Kirchliche_Hochschule_Wuppertal

Schmitz, Otto: Der Theologe und Hochschullehrer. In: Robert Steiner: Harmannus Obendiek. Neukirchen 1955, S. 92-115

Steiner, Robert: Harmannus Obendiek. Neukirchen 1955

Ulrichs, Hans-Georg: Harmannus Anton Obendiek.
https://bibliothek.ostfriesischelandschaft.de/wp-content/uploads/sites/3/dateiarchiv/2641/Obendiek-Harmannus.pdf bzw. BLO II. Aurich 1997, S. 276-278

Weßels, Paul: Nicht hoffnungslos, sondern handelnd. Heinrich Oltmann (1892-1937). Ein reformierter Pastor im Kirchenkampf. Wuppertal 2002, S. 68f

Wolff, Hans Walter: Gedenkwort der kirchlichen Hochschule Wuppertal im Trauergottesdienst für Harmannus Obendiek am 25.9.1954 in der Barmen-Gemarker Immanuelskirche.
https://www.jungekirche.de/images/1954/1954_20_481-482.pdf

Heinrich Oltmann – Klarsichtig und gradlinig

Vielseitig aktiv

Heinrich Oltmann, einer der profiliertesten ostfriesischen Pfarrer seiner Zeit, wurde am 29.12.1892 in Weener geboren. Sein Vater, der ein angesehener Kupferschmiedemeister war, gehörte der reformierten Kirche an, während seine Frau Mitglied der örtlichen Baptistengemeinde war.

Anfang des 20. Jahrhunderts brach in der Kirchengemeinde in Bunde unter den Aufsehen erregenden Predigten des Pfarrers Carl Octavius Voget(1), eine Erweckung aus, die schon bald auf weitere Gemeinden im Rheiderland übergriff. Die Menschen strömten in die von der Erweckung erfassten Kirchen. Auch solche, die bislang eher distanziert der Kirche gegenübergestanden hatten, kamen und wurden in einer vorher nicht gekannten Weise von der christlichen Botschaft angesprochen. Auffallend war, dass auch viele junge Menschen sich entschieden, ihr Leben bewusst Jesus Christus anzuvertrauen und mit dem Christsein ernst zu machen.

Unter ihnen war auch Heinrich Oltmann, der zu jener Zeit das Gymnasium in Leer besuchte. Seine Bekehrung im Alter von etwa 13 Jahren führte schließlich dazu, dass er sich entschloss, nach dem Abitur Theologie zu studieren, um Pfarrer in der Reformierten Kirche zu werden.

Während seines Studiums bricht der Erste Weltkrieg aus. Nachdem Oltmann aufgrund einer „Notprüfung" vorzeitig das Erste Theologische Staatsexamen abgelegt hat, wird er im Frühjahr 1916 zum Kriegsdienst eingezogen. Noch im selben Jahr wird er bei der berüchtigten Schlacht an der Somme schwer verwundet. Sieben Monate muss er im Lazarett verbringen. Dann wird er als Kriegsversehrter entlassen. In der kleinen Krummhörn-Gemeinde Woltzeten tritt er wenig später seinen Pastorendienst an. 1921 folgte er einem Ruf in die evangelisch-reformierte Gemeinde von Loga. Eine ihm angebotene Pfarrerstelle in Elberfeld, der größten reformierten Gemeinde in Deutschland, hatte er zuvor ebenso abgelehnt, wie Jahre später eine in Barmen-Gemarke.

Heinrich Oltmann war ein Prediger mit „Charisma". Häufig wurde er daher auch zu auswärtigen Verkündigungsdiensten gerufen. Etwa bei Evangelisationsveranstaltungen oder den damals in Ostfriesland sehr beliebten Missionsfesten. Auch hielt er Woche um Woche in einem Schülerbibelkreis in Leer die Andacht. Mit seinen Freunden, den Pastoren Gerhard Brunzema und Hermann Immer, führte er in den Ferien auf der Insel Spiekeroog Freizeiten für Schülerbibelkreis-Teilnehmer durch. Überhaupt war der Logaer Pastor, der zeitweise auch Mitglied der Kirchenleitung der Evangelisch-reformierten Kirche der Provinz Hannover war, von einem unermüdlichen Aktivitätsdrang beseelt. Regelmäßig schrieb er in vielen christlichen Publikationsorganen. Gegen Ende der Weimarer Republik kandidierte er sogar bei Land- und Reichstagswahlen auf Listenplätzen für die Partei CSV (Christlich-Sozialer Volksdienst).

Man kann Oltmann, was seinen politischen Standort betrifft, als national-konservativ bezeichnen. Mit einem durchaus wachen Sinn für die sozialen Nöte der Zeit. Der Ideologie der NSDAP gegenüber war er – auch von seinem christlichen Selbstverständnis und politischen Standort her – schon früh kritisch eingestellt. Zwar erklärte er im Frühjahr 1932, also wenige Monate vor Hitlers Machtergreifung am 30. Januar 1933, in einem umfangreichen Artikel, der später auch als eigenständige Schrift veröffentlicht wurde, dass er sich „durchaus zu dem starken nationalen und sozialen Wollen der Hitlerpartei" bekenne. Dennoch beklagte er, dass die Hoffnung auf einen politischen Neuanfang „im Glauben an das Dritte Reich die Form religiöser Inbrunst und säkularisierter Eschatologie angenommen" habe. Und er kritisiert: „Der Nationalsozialismus bejaht Gott, aber nicht so, wie Gott sich uns Menschen im Alten und Neuen Testament offenbart hat. Ich kenne keine Bewegung, die – obgleich sie Gott bejaht – doch Gott so klein und den Menschen, den Rassemenschen, so groß macht, wie es in dem Nationalsozialismus der Fall ist." Eine solche Bewegung – so seine Überzeugung – habe nicht die Kraft, „einer Not abzuhelfen, deren tiefste Wurzel der Größenwahn des gottgelösten Menschen" sei.

Am 2.10.1932 hatte Oltmann dann in einem anderen Beitrag („Der Hitlersturm auf die evangelische Kirche") festgestellt: „Unduldsamkeit ist ein Wesenszug des Nationalsozialismus. Wer die nationalistische Weltanschauung verstehen will, der muss von ihrer Wurzel ausgehen. Die Wurzel ist die Lehre vom totalen Staat, dem alles andere unterzuordnen ist, das geistige Leben im allgemeinen und das religiöse im besonderen. Die Verwirklichung des Dritten Reiches würde notwendig eine nie dagewesene Knebelung alles geistigen Lebens zur Folge haben. Für die Kirche würde sie die hoffnungslose Erniedrigung und Erstarrung zur hörigen Staatskirche bedeuten, (...) Es könnte aber sein, dass der geistige Terror des Dritten Reichs, der sich aus dem Dogma des totalen Staats ergibt, zum trauenden Wagnis auf Gott durch Kampf, Kreuz und Opfer drängen würde."(2)

Profilierter Vertreter der Bekennenden Kirche

Bei all dem wundert es dann auch nicht, dass Oltmann von Anfang an gegenüber der „Glaubensbewegung Deutscher Christen", deren Mitglieder beabsichtigten, das Christentum mit nationalsozialistischer, judenfeindlicher Ideologie zu vermengen und die Kirchen personell zu unterwandern, in Opposition stand. Als immer deutlicher wurde, dass bei der Schaffung einer einheitlichen „Reichskirche" der Einfluss der „Deutschen Christen" immer dominierender wurde und der NS-Staat immer unverhohlener in die kirchlichen Belange einzugreifen versuchte, formierte sich schon bald als Gegenbewegung die sog. Bekennende Kirche (BK). Zu ihren Mitgliedern – einzelne „intakte" Landeskirchen sowie viele Pfarrer und andere Einzelpersonen – gehörte von Anfang an auch Heinrich Oltmann.

Im Mai 1934 kamen Vertreter der BK in den Räumen der reformierten Kirchengemeinde Barmen-Gemarke zusammen, um die berühmt gewordene „Barmer theologische Erklärung" zu verabschieden. Zu ihren Teilnehmern gehörte auch Oltmann. Auch trat er auf dem im Anschluss an die Synode veranstalteten rheinisch-westfälischen Gemeindetag neben anderen bekannten Rednern mit einem Vortrag („Die Kirche unter dem Kreuz") auf. Und auch an der Synode der Bekennenden Kirche im Juni 1935 in Augsburg nahm der ostfriesische Pastor teil. Bereits 1933 hatte sich Oltmann dem „Pfarrernotbund" angeschlossen, der von dem Berliner Pfarrer Martin Niemöller gegründet worden war und der im Widerstreit mit den „Deutschen Christen" als alleinige Grundlage für den christlichen Glauben die Bibel und die Bekenntnisschriften betonte und einen Unterschied zwischen jüdischen und nichtjüdischen Christen innerhalb der Kirche

bestritt. Seit Oktober 1934 war Oltmann Vorsitzender der „Bekenntnisgemeinschaft" innerhalb der Evangelisch-reformierten Landeskirche der Provinz Hannover. Ihre Mitglieder fühlten sich den Anliegen
der Bekennenden Kirche verpflichtet und waren bemüht, die
reformierte Kirchenleitung für den Kurs der BK zu gewinnen. Diese
Bemühungen sollten sich jedoch als vergeblich erweisen.

Heinrich Oltmann war mit zahlreichen prominenten Vertretern des
Pfarrernotbundes und der Bekennenden Kirche persönlich bekannt
und stand nicht zuletzt mit den einflussreichen Elberfelder und
Barmer BK-Pfarrern Karl Immer, Harmannus Obendiek sowie
Hermann Albert Hesse und Hermann Klugkist Hesse – allesamt
gebürtige Ostfriesen – in engem Kontakt. Völlig zu Recht bezeichnet
Paul Weßels den Logaer Pastor als den „führenden Kopf der
bekennenden Kräfte in Ostfriesland".(3) Und auch Oltmanns Sohn
Jan Luiken bestätigte in einem Interview über seinen Vater, dass
dieser derjenige gewesen sei, der in der ostfriesischen Region die
Pastoren der Bekennenden Kirche zugeführt habe. Ferner meinte
er: „Er war die Leitfigur. Er hat alles mehr oder weniger in Bewegung
gesetzt. Er war derjenige, der die ganze Sache vorangetrieben hat
und auch immer mutig gewesen ist, die Dinge beim Namen genannt
hat. (...) Er war absolut die führende Persönlichkeit in diesem
Bereich, und ich möchte auch sagen, er hat sich dann letztendlich
auch daran aufgerieben, denn die Zusammenarbeit mit der Landeskirche war mehr als schlecht. Und da hat es sehr viele Spannungen
gegeben."

Am 25. September 1934 wandte sich Heinrich Oltmann als Vorsitzender der Bekenntnisgemeinschaft mit folgendem Schreiben an
den Landeskirchenvorstand, in dem er diesen um ein Kanzelwort zur
Judenfrage ersucht(4):
Der Arbeitsausschuss der Bekenntnisgemeinschaft innerhalb der
evangelisch-reformierten Landeskirche der Provinz Hannover bittet
den Landeskirchenvorstand, sobald wie nur irgend möglich, von der
Heiligen Schrift her ein Wort zur Judenfrage zu sagen, das von allen
Kanzeln unserer Landeskirche an einem bestimmten Sonntag zu
verlesen ist.

Als Begründung senden wir einige Nummern des „Stürmers" mit, der
in 400 000 Exemplaren allwöchentlich in ganz Deutschland verbrei-

tet und selbst in kleineren Dörfern in Schaukästen öffentlich ausgestellt wird.

In diesem Blatt wird Wort und Sakrament durch Verstellungen und Verdrehungen herabgewürdigt.

Der Landeskirchenvorstand konnte sich jedoch nicht zu einer entsprechenden Erklärung durchringen. (Jan Luiken Oltmann: „Da hat die Landeskirche auch gleich einen Rückzieher gemacht, das wollte sie dann doch nicht, das war ihnen alles ein bisschen heikel und das sei nicht ihre Sache.")

Heinrich Oltmann sah sich in einen Kampf gestellt. Für ihn war die wichtigste Entscheidung, um die im Reiche Hitlers gerungen wurde, „der große Kampf um Gott. Darum geht das tiefe Ringen in unserem Volk, wer die Grundhaltung in unserem Volk bestimmen soll: der ewige Gott oder der vergängliche Mensch, die ewige Wahrheit der Bibel oder der Mythos menschlicher Gedankensysteme, das ewige Evangelium vom Blute Jesu Christi oder der vergängliche Mythos vom nordischen Blut. Dieser Kampf ist dir und mir befohlen."

In seiner kirchenpolitischen Positionierung wusste Oltmann den Kirchenrat und den Großteil seiner Logaer Gemeinde stets hinter sich. Dass er in Gottesdiensten und anderen Veranstaltungen von der Gestapo bespitzelt wurde, war nichts Ungewöhnliches. Da er damit rechnete, dass auch seine Telefongespräche abgehört wurden, bediente er sich bevorzugt in seinen Telefonaten der plattdeutschen Sprache.

Leider ist Heinrich Oltmann am 8. Februar 1937 im Alter von nur 44 Jahren verstorben, nachdem ihm eine schwere Herzerkrankung monatelang schwer zugesetzt und am Ende völlig entkräftet hatte. Wie wäre sein weiteres Leben wohl verlaufen, wenn er noch die nächsten Jahre der NS-Diktatur mit den zunehmenden Judenpogromen und den Schrecken des Zweiten Weltkrieges miterlebt hätte? Es steht jedenfalls zu vermuten, dass er bei seinen klarsichtigen Urteilen und seiner gradlinigen, kompromisslosen Art in einen noch größeren Gegensatz und Konflikt mit dem Nationalsozialismus gekommen wäre, als es schon zu seinen Lebzeiten der Fall war –

mit all den unvorhersehbaren Folgen, die das für ihn gehabt haben dürfte.*

* Weiteres zu Heinrich Oltmann siehe auch: Matthias Hilbert, „Ostfrieslands leidenschaftliche Pastoren. Sieben Pastorenporträts". Adlerstein Verlag/BoD 2021. ISBN: 978-3750427747

Anmerkungen

(1) Heinrich Oltmann heiratete am 25.11.1918 Vogets Schwester Taletta.

(2) In ähnliche Richtung ging bereits ein Beitrag Oltmanns am 3. Juli 1932, in dem er schreibt: „Aber dahin geht die Sorge, dass hinter dem National-sozialismus eine geschlossene starke Weltanschauung steht, die den einzelnen Menschen ganz in Beschlag belegen möchte, die auch den Inhalt der christlichen Botschaft in Kirche und Schule wandeln möchte. Dahin geht die Sorge, dass mit der nationalsozialistischen Weltanschauung eine geistige Macht heraufzieht, die die Substanz der Gemeinde Christi, den Inhalt der Botschaft von Gnade und Erlösung antastet. Besser eine Kirche unter dem Kreuz äußerer Bedrückung, die die Botschaft rein hält, als eine Kirche mit allen staatlichen Sicherungen, deren Botschaft irgendwie angetastet wird."

(3) Ende Juni 1934 hatte der lutherische Auricher Pastor und fanatische Nationalsozialist Heinrich Meyer eine Art Dossier zu verschiedenen „oppositionellen" ostfriesischen lutherischen Pastoren verfasst und dieses an die Gauleitung in Oldenburg gerichtet und dabei auch auf den refor-mierten Pastor Oltmann mit den Worten hingewiesen: „In der reformierten Landeskirche hat gerade der Pastor Oltmann in Loga den maßgebenden Einfluss; dieser Mann führte den christl. Volksdienst in Ostfriesland und war vor dem Jahr 1933 durchaus der Meinung, dass Nat.-soz. und Christentum nicht zu verbinden seien."

(4) Haro Jelden merkt hierzu an: „In seiner Geburtsgemeinde Weener hatte Heinrich Oltmann einen überdurchschnittlichen Anteil jüdischer Mitbürger kennen und als Mitträger des dort bedeutenden Viehhandels schätzen gelernt. Ein besonders positives Verhältnis zum Judentum erwuchs für ihn aus der lebensrettenden Begegnung mit einem jüdischen Arzt im Lazarett. Umso härter trafen ihn die zunehmenden Angriffe auf jüdische Mitbürger, insbesondere geschürt durch die allerorts aushängende Hetzschrift ‚Der Stürmer'."

In einem Artikel aus dem Jahre 1932 – also noch in der Zeit der Weimarer Republik – ging auch Oltmann wie so viele andere davon aus, dass die

Juden einen übermäßigen und unheilvollen Einfluss auf Presse, Kunst und Börse hätten und befürwortete daher eine gesetzliche Einschränkung durch die Regierung. Gleichzeitig wollte er aber „dabei frei bleiben von jeder Art der Judenverachtung oder der eigenen Rassenüberhebung". Auch betonte er: „Ich werde als Christ einen Juden, der Jesus Christus durch den Heiligen Geist seinen Herrn nennt, als Bruder in der Gemeinde Jesu anerkennen und wissen, dass ein durch Gottes Geist wiedergeborener Jude mir näher steht als ein von Gott gelöster Arier."

Literatur- und Quellennachweis

Brandt, Susanne: „Nicht hoffnungslos, sondern handelnd". Neues Buch erinnert an den Pastor Heinrich Oltmann im Kirchenkampf. In: Der Deichwart 7/2003, S. 1ff
Dokumentation „Leer 1933-1945". Im Auftrag der Stadt Leer zusammengestellt und bearbeitet von Menna Hensmann. Leer 2001, S. 498-501
Hensmann, Diedrich/Pagel, Arno: Heinrich Oltmann. In: A. Pagel (Hg.): Er führt zum Ziel. Marburg 1981, S. 179ff
Hensmann, Menna: Pastor Heinrich Oltmann (1892-1937). In: Ostfriesland Journal 3/1987, S. 9f
Hilbert, Matthias: Heinrich Oltmann: „Papst" in Loga und Schriftsteller. In: OZ-Beilage „Unser Ostfriesland" (Nr. 22/2016)
Jelden, Haro: Heinrich Oltmann. https://bibliothek.ostfriesischelandschaft.de/wp-content/uploads/sites/3/dateiarchiv/2632/Oltmann-Heinrich.pdf bzw. BLO II, Aurich 1997, S. 284-286
Jürgens, Werner: Ein mutiger Pastor der Bekennenden Kirche. In: Ostfriesland Magazin 2/2012, S. 74f
Oltmann, Jan Luiken: Heinrich Oltmann. Pastor in Loga 1921-1937. Weener 1987
Weßels, Paul: Nicht hoffnungslos, sondern handelnd. Heinrich Oltmann (1892-1937) - Ein reformierter Pastor im Kirchenkampf. Wuppertal 2002
Weßels, Paul: „...für oder wider Christus!" - Heinrich Oltmann, Carl Octavius Voget und die Erweckungsbewegung in Bunde 1905/1906". In: Der Deichwart 5/2001, S. 1ff

Hermann Steen – Eine Gemeinde steht hinter ihrem Pastor

Politischer „Aufklärungsunterricht"

Hermann Steen wurde am 11.2.1899 als Sohn des Hauptlehrers Bernhard Steen und dessen Frau Margaretha in Warsingsfehn-polder geboren. Sein Theologiestudium führte er in Bethel, Tübingen und Göttingen durch. Er war zeitweise Studienkollege von Harmannus Obendiek und Hans Bruns, den Freunden Heinrich Oltmanns. Wie diese so war auch Steen aktives Mitglied bei der Deutschen Christlichen Studentenvereingung (DCSV).

Während seines Vikariats in der Gemeinde Critzum lernte Hermann Steen die Jugendliche Menna Hensmann kennen, die dort in der kirchlichen Jugendarbeit aktiv war und die später seine Frau werden sollte. Nach dem Vikariat in der Gemeinde Critzum wurde Steen dann Pastor in Weener (1925/26) und Neermoor (1926-1930). Im Januar 1931 übernahm er die reformierte Kirchengemeinde Holthusen (Rheiderland). Zu diesem Zeitpunkt hatten die Nationalsozialisten bereits mit ihrer Propaganda versucht, die Bewohner des Ortes, von denen viele arbeitslos waren, für sich und ihre Ziele zu gewinnen. Der neue Pastor, der sich politisch beim Christlich-Sozialen Volksdienst (CSV) engagierte, hatte frühzeitig Hitlers „Mein Kampf" und Rosenbergs „Der Mythus des 20. Jahrhunderts" gelesen. Da er somit wusste, „was eigentlich los war", versuchte er die Menschen in seiner Gemeinde aufzuklären und hielt u.a. eine Woche lang Vorträge über das (Un-)Wesen des totalitären Staates. Dabei ging er systematisch vor: In einer Woche lud er für den Montag die Familien mit den Hausnummern 1 bis 100 ein, für den Dienstag die Familien mit den Hausnummern 101 bis 200, am Mittwoch waren die Hausnummern 201 bis 300 dran. Das setzte sich dann so fort bis zur Hausnummer 700. Durch diese Aufklärungsarbeit trat ein spürbarer Wandel in der Gemeinde ein. Nachdem Anfang 1933 die Nazis in Deutschland an die Macht gekommen waren, musste Steen allerdings zunehmend vorsichtiger mit seinen Aussagen werden.

Ein generelles Problem für viele Gemeinden war, „dass der Nationalsozialismus", so Steen später in einem Gespräch über jene Zeit, „am Anfang nicht ganz durchschaubar war. Nicht jeder konnte sehen, wo alles eigentlich hinging. Es wurden auch allerlei Anekdoten über Hitler erzählt, dass er das Losungsbüchlein bei sich führe und ein Neues Testament in der Tasche habe. Die Leute glaubten das und so gab es Verwirrung. Man musste schon die tieferen Hintergründe kennen, um das Ganze zu durchschauen. Das war nicht leicht, zumal es Hitler tatsächlich bald gelang, den Menschen Arbeit und Brot zu geben. Jeder hatte Verdienst und jeder hatte Brot." Deshalb könne man „eigentlich den Leuten keinen Vorwurf machen, dass sie da mitgezogen sind; das könnte jederzeit wieder geschehen". Die kleinen Bauern und die Arbeiter in Holthusen hätten allerdings allmählich gemerkt, „dass die Sache nicht in Ordnung war. Sie rückten innerlich davon ab. Aber es war gefährlich, das vor anderen zuzugeben (...); dazu gehörte schon besonderer Mut."

Steen zählte zu den Gründungsmitgliedern der im November 1934 ins Leben gerufenen Bekenntnisgemeinschaft innerhalb der reformierten Landeskirche der Provinz Hannover und gehörte damit zur reformierten innerkirchlichen Opposition während der Nazizeit. Als deren Schriftführer war er für die Herausgabe der Rundbriefe der Bekenntnisgemeinschaft verantwortlich. Als Ende Oktober 1935 NS-Stellen ihre Einstellung verlangten, machte Steen illegal weiter. Die Rundbriefe wurden nun – in verkleinerter Auflage – heimlich mit einer Handpresse auf einem Dachboden außerhalb des Pfarrhauses gedruckt. Auch stand der Holthusener Geistliche in engem Kontakt mit anderen Pfarrern der Bekenntnisgemeinschaft wie auch der Bekennenden Kirche (BK) insgesamt. Sodass „Holthusen in diesen Jahren zu einem wichtigen ostfriesischen Zentrum für illegal kursierende kirchenpolitische Informationen der Bekennenden Kirche wurde" (Antje Donker).

Im Visier der Gestapo

In seinen Predigten musste Hermann Steen aufpassen, was er sagte. Es kam vor, dass man ihm Aussagen, die durchaus religiös gemeint waren, als Kritik an dem Nationalsozialismus auslegte, um ihm so einen Strick daraus zu drehen. Etwa zehnmal hatte Steen Verhöre und Haussuchungen durch die Gestapo erleiden müssen. Bei den Haussuchungen war man besonders darauf erpicht, Schriften und Bücher zu finden, die nicht im Sinne der Nazis waren, wie etwa solche, die der Schweizer Theologe Karl Barth verfasst hatte. Doch man war im Hause Steen auch vorbereitet: So konnten etwa die großen Hohlräume unter den Fensterbänken gut als Verstecke für derartiges Schrifttum genutzt werden. Oder Steens Frau Menna setzte sich bei einer Haussuchung wie selbstverständlich auf eine Truhe, die wie eine Ofenbank wirkte, und die ebenfalls als Versteck diente. Besonders brisantes Material aber war draußen in der Sandkiste vergraben worden.

Doch die Tatsache, dass man unter Beobachtung der Gestapo stand und diese jederzeit „vorbeischauen" konnte, zerrte an den Nerven. Hermann Steen bekennt, dass er und seine Frau „gegen Schluss des Krieges so nervös (waren), dass wir, wenn ein Auto an unserem Haus in Holthusen vorbeifuhr, sofort zum Fenster liefen, weil wir dachten, es sei die Geheime Staatspolizei".(1) Einmal rechnete der Holthusener Pastor sogar mit dem Schlimmsten: „In der hohen Zeit der Judenverfolgung und der Synagogenbrände", berichtet er, „waren im Rheiderland an allen Straßen und Kreuzungen Schilder aufgestellt, auf denen stand: ‚Die Juden sind von dem Vater des Teufels.' Ich habe am folgenden Sonntag den entsprechenden Text genommen, der so gar nicht in der Bibel steht, und habe ihn in den richtigen Zusammenhang gestellt. Ich habe also über die Judenfrage gepredigt. Es war dann nach dieser Predigt so, als ob in der Gemeinde eine Bombe gefallen wäre. Es war mäuschenstill, zwei Tage lang. Wo ich hinkam, sagten meine Freunde: O, wenn das nur gut geht! Und meine Gegner dachten: Jetzt haben wir ihn! Zwei Tage lang waren wir auf das Eingreifen irgendeiner Instanz gefasst, aber es passierte nichts, gar nichts. Ich hielt mich damals für verpflichtet, der Gemeinde zu sagen, wie der Text richtig in der Bibel steht."

Aber Hermann Steen erlebte auch Positives: So hatte ihm einmal ein ihm wohlgesinnter Gestapo-Beamter beim Protokoll Umformulierungen vorgeschlagen, da er ansonsten Gefahr gelaufen wäre, ins KZ zu kommen. Auch fingen mit Steen befreundete Postbeamten die persönlichen Schreiben, die an den Pastor gerichtet waren, bereits beim Zug ab, damit sie nicht über das Hauptpostamt in Weener liefen und dort von einem sporadisch anwesenden Gestapomann hätten geöffnet werden können. Bei der Zustellung übergab der Postbote dem Pastor dann die von ihm verborgen gehaltenen

Briefe. Und umgekehrt warf Steen seine Briefe, die nicht übers Postamt gehen sollten, direkt in den Briefkasten beim Bahnhof ein. Denn er wusste, dass bei der Leerung dieses Briefkastens dafür Sorge getragen wurde, dass seine Schreiben direkt in den Zug, und nicht zuvor, wie es üblich war, über das Postamt gingen.

1938 war nach der Besetzung der Tschechoslowakei auf einer Konferenz der BK-Landesbruderräte unter Steens Mitwirkung eine Gebetsliturgie für die Gemeinden ausgearbeitet worden, die im Wesentlichen eine Bitte um Frieden beinhaltete. Der Landeskirchenrat stoppte daraufhin – auf Anordnung des Reichskirchenministers – für mehrere Monate Steens Gehalt. Doch auch hier konnte sich der Pastor auf „seine" Holthusener verlassen. So versprach ihm etwa ein Schneidermeister, ab sofort seine Anzüge umsonst anfertigen zu wollen. Ein Kaufmann wiederum kündigte ihm an: „Ich habe bisher zwei Schweine geschlachtet, jetzt schlachte ich drei – eins bekommen Sie." Auch von anderen Seiten her erfuhr Hermann Steen in dieser Zeit mancherlei Hilfe.

Nicht unerwähnt bleiben darf, dass Steens couragierte Frau Menna ihren Mann in seinem aufreibenden, gefahrvollen Dienst in der Zeit des Kirchenkampfes vorbehaltlos unterstützte.(2) Als ihr Mann in den Kriegsjahren auch noch für umliegende Gemeinden zuständig war, hielt sie u.a. den Kindergottesdienst und den Konfirmandenunterricht ab. Auch versuchte sie durch Briefe und „Natural"-Paketsendungen anderen bedrängten Pfarrfrauen beizustehen. Und immer wieder nahmen die Steens vorübergehend Menschen in ihrem gastfreien Pfarrhaus auf, darunter auch solche, die gerade aus der Haft oder dem KZ entlassen worden waren.

Nach dem Zweiten Weltkrieg war Hermann Steen Mitglied des Landeskirchentages (1946-1965) und später auch Vorsitzender des V. Bezirkskirchentages (1959-1965) und damit Superintendent. Ende 1968 ging er in den Ruhestand, in dem er allerdings auch weiterhin Predigtdienste übernahm. Seinen Lebensabend verbrachte das Ehepaar in Stapelmoor.(3) Am 8. Oktober 1980 ist Hermann Steen verstorben. Seine Frau Menna starb zehn Jahre später am 9. September 1990.

Anmerkungen

(1) Überdies bestand die reale Gefahr, dass Hermann Steen ins KZ hätte kommen können. So berichtet er in dem an anderer Stelle erwähnten Gespräch auch, dass es einmal „soweit war, dass der Bürgermeister schon vom Konzentrationslager Esterwegen angerufen wurde: Wann kommt er, wann bringt ihr ihn? Der Bürgermeister war jedoch auch ein Freund und hat verhindert, dass die Sache perfekt geworden ist. Wir sind wie durch ein Wunder an allem vorbeigekommen. Manchmal wagten es die NS-Stellen auch nicht, härter durchzugreifen, weil sie meinten, es gäbe Unruhe in der Gemeinde, wenn sie zupackten. Ich weiß z.B., dass es auf der Kreisverwaltung gelegentlich soweit gewesen ist, dass sie mich verhaften wollten. Als der Landrat jedoch dagegen sprach und auf die Unruhe hinwies, die dadurch entstehen könnte, haben sie die Angelegenheit einfach gewähren lassen."

(2) Hermann Steen hatte seine Frau während seines Vikariats in dem kleinen Rheiderländer Warftdorf Critzum kennengelernt. Menna Hensmann (geboren am 12.8.1907 in Critzum) war damals in der kirchlichen Jugendarbeit aktiv. Sie besuchte zu der Zeit das Oberlyzeum in Leer. Sie hat dann aber kurz vor dem Abitur ihre Schulbildung abgebrochen und für eine kurze Zeit die Bibelschule „Malche" im märkischen Bad Freienwalde/Oder besucht. Als den jungen Bibelschülerinnen einmal der Besuch einer Gräfin angekündigt worden war und sie instruiert wurden, diese mit einem Hofknicks zu begrüßen, soll sich Menna Hensmann der Anordnung verweigert und selbstbewusst erklärt haben, dass sie „eine freie Friesentochter" sei. Im Juli 1926 heiratete sie Hermann Steen. Das Ehepaar hatte selbst keine eigenen Kinder. 1938 adoptierten die Steens ein Mädchen einer ledigen, in Not geratenen Frau, die dieses Kind im Pfarrhaus zur Welt gebracht und anschließend in die Obhut der Pfarrleute gegeben hatte. Ein Jahr später kam die Pflegetochter Henni dazu, deren leibliche Mutter kurz nach der Geburt gestorben war.

(3) Pastor der reformierten Kirchengemeinde Stapelmoor war damals Theodor Petersen. Wie sich sein Sohn Otto erinnert, brauchte Hermann Steen, der von untersetzter Statur war, auf der Kanzel eine Erhöhung auf dem Boden, da er sonst kaum zu sehen war. Er soll die Dogmatik von Barth komplett gelesen haben. Die Predigten seien sehr intensiv, auch mal ausufernd gewesen.

Literatur- und Quellennachweis

Brandt, Susanne: „Ich bin eine freie Friesentochter." Menna Steen – eine Pfarrfrau im Widerstand gegen den Nationalsozialismus. Leer 2003

Donker, Antje: Hermann Hilko Steen. https://bibliothek.ostfriesischelandschaft.de/wp-content/uploads/sites/3/dateiarchiv/2780/Steen-Hermann.pdf bzw. BLO II, Aurich 1997, S. 344-345

Persönliche Erinnerungen von Otto Petersen; dem Autor in einer Mail vom 29.9.2023 mitgeteilt.

Steen, Hermann: Erinnerungen an den Kirchenkampf. (Aus einem Gespräch, das Hermann Steen am 8. August 1980 mit Barbara Henning und Horst Arndt führte.) In: Die Evangelisch-reformierte Kirche in Norddeutschland. Beiträge zu ihrer Geschichte und Gegenwart. Bearbeitet von Edwin Lomberg, Gerhard Nordholt und Alfred Rauhaus. Weener 1982, S. 291-297

Weßels, Paul: Nicht hoffnungslos, sondern handelnd. Heinrich Oltmann (1892-1937). Ein reformierter Pastor im Kirchenkampf. Wuppertal 2002, S. 120f

Wikipedia: Menna Steen: https://de.wikipedia.org/wiki/Menna_Steen

Heinrich Schniers –
In Sträflingskleidung durch Leer geführt und später im KZ umgekommen

Den Nazis zu kritisch

Der katholische Priester Heinrich Schniers ist zwar kein gebürtiger Ostfriese, war aber während der Nazizeit Pastor an St. Michael in Leer. Im Dezember 1941 wurde er von der Gestapo verhaftet und später ins Konzentrationslager Dachau verschleppt. Er darf in dieser Sammlung von ostfriesischen Pastoren im Dritten Reich daher nicht fehlen.

Schniers wurde am 25. März 1880 in der kleinen Ortschaft Wippingen, das knapp 20 km südlich von Papenburg liegt, geboren. Die Eltern bewirtschafteten hier einen landwirtschaftlichen Betrieb von nur geringer Größe. Als Nebenerwerb betrieb Heinrichs Vater Johann Heinrich Schniers noch eine Imkerei. Mit den Einnahmen aus dem Honigverkauf hat er später das Theologie- und Philosophiestudium seines Sohnes, der sich schon früh zum Priester berufen fühlte, finanziell unterstützt.

Nach Abschluss seines Studiums besuchte Heinrich Schniers zur weiteren Vorbereitung auf seinen geistlichen Beruf das Priesterseminar seiner Heimatdiözese Osnabrück. Im März 1907 erhielt er dann die Priesterweihe. Danach wurde er Präzeptor (Lehrer) an dem Bischöflichen Knabenkonvikt in Meppen, das den externen Schülern des dortigen Gymnasiums damals Unterkunft bot. Von 1910-1913 war Schniers Kaplan an der Kirchengemeinde St. Augustinus in Nordhorn und von 1913-1921 Rektor der Rektoratsschule in Fürstenau. Danach wirkte er in Lingen als Kaplan an St. Bonifatius, wo er auch als Präses der Kolpingfamilie vorstand und u.a. Vortragsveranstaltungen zu religiösen, politischen und wirtschaftlichen Fragen der Zeit organisierte. Zudem war einer seiner dienstlichen Schwerpunkte die Krankenhausseelsorge.

Am 17. Mai 1933 wurde Heinrich Schniers als neuer Pfarrer der Kirchengemeinde St. Michael in Leer eingeführt. Tags zuvor war er nach alter Sitte unter dem Glockengeläut aller Kirchen, d.h. auch der reformierten und lutherischen, in seiner neuen Gemeinde empfangen worden. Die Gemeindemitglieder haben ihren Pfarrer schon bald kennen und schätzen gelernt „als einen Mann von umfassender Bildung, großer Bescheidenheit und einem unbestechlichen Gerechtigkeitssinn. Seine vorbildliche Lebensführung war geprägt von glaubwürdiger Liebe zu seinen Mitmenschen. Groß waren auch seine Bemühungen für ein gutes Miteinander zwischen den Konfessionen" (Heinz-Josef Abeln).

Als typisch für den katholischen Geistlichen können wohl die beiden folgenden kleinen Geschehnisse angesehen werden: Als Schniers einmal davon erfuhr, dass eine Familie nicht in der Lage war, zur Erstkommunion ihrer Tochter die benötigten Schuhe zu kaufen, soll er kurz entschlossen den letzten 50 Markschein aus seiner Tasche genommen und für den Schuhkauf gegeben haben. Und auch diese Anekdote wird überliefert: Zu Schniers Pfarrhaus gehörte ein großer Garten mit zahlreichen Obstbäumen. Einmal kletterten im Herbst einige Messdiener über den Zaun, um ein paar Äpfel zu stibitzen. Der Pfarrer jedoch bekam das mit und rief die Jungen zu sich. Als sie schuldbewusst zu ihm geschlichen waren, zog er sie nur an den Ohren – damals nichts Unübliches – und lud sie anschließend ein, sich an der Hausecke einen für sie abgestellten Korb mit Äpfeln abzuholen.

Wie spannungsvoll Schniers Verhältnis in Leer zu den Nazis gewesen sein muss, macht der Umstand deutlich, dass Ende des Jahres 1939 an ihn ein Strafbefehl (50 RM oder ersatzweise fünf Tage Haft) wegen angeblicher falscher Beflaggung nach dem Sieg der deutschen Wehrmacht über Polen erging. Zwar kam es im Februar 1940 zu einem Freispruch, aber bei der Gestapo stand der katholische Pfarrer nun erst recht unter Beobachtung.(1) Was auch kein Wunder war, denn Heinrich Schniers muss aus seiner Abneigung gegen das NS-Regime, das er als verbrecherisch erkannte, keinen Hehl gemacht haben. Erst recht seit dem Ausbruch des Zweiten Weltkriegs. Das sollte ihm schließlich zum Verhängnis werden. Am 17. Dezember 1941 wurde der Priester in „Schutzhaft" genommen.(2) Allem Anschein nach hatte eine Familie ihn denunziert. Jedenfalls teilte am 6. Januar 1942 die Geheime Staatspolizei Wilhelmshaven dem Bischöflichen Generalvikariat Osnabrück auf Anfrage kurz und bündig mit, dass „der Pfarrer Schniers 1941 vorläufig festgenommen (wurde), weil er gelegentlich eines Hausbesuches bei einer Familie in Leer versucht hat, diese in defaitistischem Sinne zu beeinflussen. Der Tag der Entlassung kann noch nicht angegeben werden."

Torturen

Heinrich Schniers wurde zunächst nach Wilhelmshaven und danach ins Amtsgerichtsgefängnis in Nordenham gebracht. Am 18. Januar 1942 wandten sich seine beiden Schwestern an den Osnabrücker Bischof Berning mit der Bitte, sich für ihren inhaftierten Bruder zu verwenden. Sie schrieben: „Unser guter Bruder Pfarrer Heinrich Schniers in Leer ist am 17.12.1941 von der geheimen Staatspolizei in Wilhelmshaven in Schutzhaft genommen und nach Nordenham überführt worden. (...) Ein Besuch unsererseits bei unserem Bruder, der uns unter Aufsicht bewilligt wurde, hat uns gezeigt, wie schwer der Arme körperlich und noch mehr seelisch leidet. Wenn die Schutzhaft sich noch lange hinziehen wird, ist es fraglich, ob er mit dem Leben davon kommt. (...) Not und Entbehrung greifen den durch Alter schon geschwächten Körper vollends auf. Dann die Ungewissheit seiner Schutzhaft, seine Gegner sind seine Richter. Er kann für sich nichts tun, kann nur auf Gott und die Hilfe guter Menschen vertrauen. (...)"

Berning selbst wurde am 6.2.1942 in der Causa Schniers in Berlin beim Regierungsrat Roth vom Sicherheitshauptamt vorstellig, konnte jedoch nichts bewirken. Im Gegenteil. Roth ließ den Osnabrücker Bischof wissen, dass der Leeraner Pfarrer „Äußerungen darüber gemacht habe wie z.B. ‚wir verlieren den Krieg, wir haben ihn angefangen, haben Holland überfallen'". Eine Haftentlassung käme nicht in Frage, vielmehr würde Schniers nach Dachau kommen. Und so geschah es dann auch. Nachdem sich das staatsanwaltschaftliche Verfahren gegen Schniers über Wochen hingezogen hatte, wurde dieser ohne Gerichtsbeschluss der Gestapo übergeben und am 3. April 1942 ins völlig überbelegte Konzentrationslager Dachau gebracht. Zuvor hatte man ihn noch am 19. März in Sträflingskleidung durch die Straßen von Leer geführt, was für den Geistlichen eine besondere Demütigung gewesen sein muss.

Ergreifend sind die Angaben eines Mitgefangenen (offensichtlich Pfr. Leopold Wiemker), die dieser später zu Heinrich Schniers Aufenthalt in Dachau gemacht hat. Er berichtet: „An Pastor Schniers erinnere ich mich noch besonders gut. Wenn wir in der karg bemessenen Freizeit nach dem abendlichen Appell nach dem Exerzieren (…) noch ein wenig auf der Lagerstraße auf und ab gingen, erschloss sich mir manchmal seine priesterliche Seele. Wie oft gingen seine Gedanken zu seinem Pfarrhaus, zu seinen Pfarrkindern, zu seinem Bischof. Wie tief empfand er das bittere Unrecht und die Schmach, die man seiner Priesterehre angetan hatte. Oft waren es scheinbare Kleinigkeiten, die das Leben in Dachau zur Hölle machten. So wurden Pastor Schniers die anstrengende Arbeit in der Heilkräuterplantage und das Leben im Block zu einer steten Qual, da er, dessen Sehkraft stark beeinträchtigt war, ständig zerbrochene Augengläser tragen musste, die nicht zu ersetzen waren. Eines Tages war es auch mit seiner Lebenskraft vorbei. Ich sehe ihn noch, wie man ihn auf einem Ackerkarren am Ende des 1200 Mann starken Arbeitskommandos niedersetzte. Zusammengeknickt der Leib wie auf einem Ecce-homo-Bild. Wir sprachen ihm Mut zu, aber sein Bewusstsein war schon betrübt. In diesem Dämmerzustand mussten wir den treuen Priesterkameraden in das Krankenrevier einliefern, von wo sein gequälter Körper den Weg (…) ins Krematorium genommen hat.“

Hans Carls, ein weiterer der vielen Priester, die im KZ Dachau untergebracht waren, erinnerte sich später an Schniers Ende wie folgt: „Pfarrer Heinrich Schniers aus der Diözese Osnabrück, über 60 Jahre alt, musste ebenfalls auf der Plantage arbeiten. Lange Zeit hat er sich gut gehalten. (…) Er beschäftigte sich viel mit Blumenkunde und hatte eine große Freude daran. Eines Tages aber sahen wir, dass er sehr abgemagert war und über Kopfschmerzen klagte. Mit Fieber wurde er dem Revier überwiesen und starb nach 8 Tagen.
Auch in ihm verloren wir einen treuen, lieben Menschen, den wir alle hoch ehrten und geschätzt hatten.“

Dem Bischöflichen Generalvikariat Osnabrück wurde am 10. September 1942 mitgeteilt: „Betr.: Pfarrer Heinrich Schniers, Leer, (…) Zur dortigen Kenntnisnahme teile ich mit, dass der Obengenannte am 30.08.1942 im dortigen Konzentrationslager Dachau an den Folgen von Darmkatarrh gestorben ist.“ Den Geschwistern des Verstorbenen wurde in einem gesonderten Schreiben versichert, dass ihrem Bruder „die bestmögliche medikamentöse und pflegerische Behandlung zuteil (geworden)" sei. Trotzdem sei es der ärztlichen Behandlung nicht gelungen, „der Krankheit Herr zu werden".

Requiem und Trauergottesdienst für Heinrich Schniers fanden am 10. September 1942 in Leer statt. Die Pfarrchronik von St. Michael vermerkt hierzu u.a.: „Der Gottesdienst trotz der ungünstigen Zeit (halb 11 Uhr vormittags) sehr stark besucht. Anwesend waren u.a. 80 kath. Geistliche der Diözese. Superintendent Oberdieck und Pastor Knoche aus der luth. Gemeinde Leer, Pastor Hamer aus der reformierten Gemeinde Leer und eine recht beträchtliche Anzahl von Gläubigen aus Lingen, wo der Verstorbene 12 Jahre als Kaplan tätig war. In Leer war Pastor Schniers allseitig hochgeschätzt, wie dies auch besonders aus einem Beileidsschreiben von evangelischer Seite hervorgeht, in dem es heißt: Auch wir verlieren in ihm einen tapferen und klugen Mitkämpfer für die gemeinsamen geistl. Interessen unserer Zeit und sind durch seinen tragischen Lebensausgang tief erschüttert. (…) Das letzte Opfer, das er brachte, war sicher dieses, dass er nach einem arbeitsreichen und schaffensfrohen Leben fern von seinen Pfarrkindern sterben musste."

Und über die Beisetzung der Urne in Schniers Geburtsort Wippingen berichtet die Leeraner Kirchenchronik u.a.: „14. Oktober. Beisetzung der Urne des verstorbenen Herrn Pastors Schniers in Wippingen. (…) Die Heimatgemeinde Wippingen hatte sich gut beteiligt. Aus Leer nahmen ungefähr 30 Personen an der Beisetzungsfeierlichkeit teil. – Am offenen Grab wurde noch einmal die ganze Tragik des Todes dieses so überaus eifrigen Pfarrers von Leer klar. Es war nicht leicht, ohne Tränen den Friedhof zu verlassen. Die Gemeinde Leer kann ihren Seelsorger nicht schnell vergessen."

Anmerkungen

(1) Bereits Anfang 1939 hatte es im Pfarrhaus eine Haussuchung gegeben, bei der Schniers vehement protestiert zu haben scheint. So vermerkt die Chronik des Katholischen Pfarramtes St. Michael: „09.01.39 fand durch die Gestapo (…) eine Haussuchung statt beim Vikar Albers, bei Gebr. Lange, Mörkenstr. und im Pfarrhaus. Der Jungmännerverband mit allen seinen Unter- und Nebengliederungen wurde als aufgehoben erklärt. Ebenfalls wurde die Jungfr. Kongregation in Leer aufgehoben. Glockenschlag 9h

begann an allen 3 Stellen die Haussuchung. Die Ausbeutung war herzlich gering: Ein paar Hefte und Notizen ohne sonderlichen Wert. Im Pfarrhaus kam es zu stürmischen Auftritten, bei denen die ‚hohen Herrschaften' (…) schwer abgebürstet wurden. Nach einer Stunde vergeblichen Suchens und heißen Debattierens schieden die ‚Herren' und nahmen Abschied mit dem Gruß: ‚Guten Morgen, Herr Pastor'. Über die kleinsten Veranstaltungen waren die Herren orientiert. = Zeichen eines gut durchgeführten Spitzelsystems. Spitzel finden sich oft in der Predigt ein zwecks Kontrolle, ob nicht etwa eine ungünstige Äußerung gegen den Staat fallen könnte."

(2) Dem Einsatz der Pfarrgemeinde und der Stadt Leer gelang es zwar, den inhaftierten Schniers zum Weihnachtsfest für vier Tage freizubekommen. Dann wurde er jedoch auf Betreiben des Reichssicherheitshauptamtes erneut festgenommen.

Literatur- und Quellennachweis

Abeln, Heinz-Josef: Heinrich Schniers. In: Emsländische Geschichte. Bd. 16. Haselünne 2009, S. 226-237

Deters-Meißner, Jan: Pfarrer Heinrich Schniers wurde vor 18 Jahren verhaftet. Beitrag vom 16. Dezember 2021 in „Hallo Wippingen". https://www.hallo-wippingen.de/wp/2021/12/pfarrer-heinrich-schniers-wurde-vor-80-jahren-verhaftet/

Dokumentation „Leer 1933-1945". Im Auftrag der Stadt Leer zusammengestellt u. bearbeitet von Menna Hensmann. Leer 2001, S. 380-387

Flyer der katholischen Kirchengemeinde St. Michael zu Heinrich Schniers

Plock, Heinrich: Pfarrer Heinrich Schniers. In: Zeugen für Christus. Das deutsche Martyrologium des 20. Jahrhunderts. Hrsg. von Helmut Moll im Auftrag der Deutschen Bischofskonferenz. Bd. 1. Paderborn 2001 (3., durchgesehene Ausgabe), S. 476-478

Roispich, Kristina: Kirchengemeinde erinnert an Märtyrer. Wippinger Pfarrer Heinrich Schniers ließ vor 80 Jahren im Konzentrationslager Dachau sein Leben. Ems-Zeitung v. 16.8.2022. https://www.hallo-wippingen.de/wp/wp-content/uploads/2022/08/ez-2022-08-16.jpg

Wikipedia: Heinrich Schniers. https://de.wikipedia.org/wiki/Heinrich_Schniers

Carl Octavius Voget – Vermittler zwischen den Fronten

Carl Octavius Voget (1874-1936), der ein Schwager von Heinrich Oltmann war, ist wohl eine der „interessantesten" ostfriesischen Pastorengestalten innerhalb der Reformierten Kirche. Nachdem er 1905 als Pfarrer an die reformierte Kreuzkirche in Bunde berufen worden war, kam es schon bald in der Kirchengemeinde zu einem erwecklichen Aufbruch, der weit über Bunde hinaus ausstrahlte.

Neben seinem Pfarrdienst engagierte sich Voget auch in der „pfingstlerischen" Gruppierung „Christlicher Gemeinschaftsverband Mülheim/Ruhr", die die Bedeutung und Möglichkeit der konkreten, unmittelbaren Wirksamkeit des Heiligen Geistes im Leben eines Christen betont. 1920 schied Voget vorübergehend aus dem Dienst seiner reformierten Kirche aus, um im schlesischen Brieg einer pfingstlerischen Gemeinschaft, die in eine schwere Krise geraten war, als Leiter zu dienen. 1924 wieder nach Ostfriesland zurückgekehrt, war er auch in der Folgezeit unermüdlich innerhalb der Pfingstbewegung tätig. 1929 bekleidete er dann wieder ein Pfarramt, und zwar in der reformierten Gemeinde Stapelmoor.

Wie Paul Weßels feststellt, genoss Carl Octavius Voget „hohes Ansehen unter seinen Kollegen" und war während der Anfangsphase des „Dritten Reichs" „für einige Zeit ein wichtiger Mittler zwischen den innerkirchlichen Parteiungen der Ev.-ref. Landeskirche der Provinz Hannover".(1) Nachdem er 1934 Mitglied des Landeskirchenvorstands und des Landeskirchenrats geworden war, suchte Voget laut Weßels „mit seinen Amtsbrüdern gegenüber der Reichskirchenleitung eher den Weg der ‚neutralen' Distanz als den des offenen Widerstands". Und so stand Voget gewissermaßen *zwischen* zwei Stühlen: der „vorsichtig" agierenden Landeskirchenleitung in Aurich, der er angehörte und die Konflikte mit dem Staat und der Reichskirche unbedingt vermeiden wollte, und der im November 1934 gegründeten oppositionellen „Bekenntnisgemeinschaft innerhalb der Ev.-ref. Landeskirche".

Als die Spannungen zwischen den beiden Lagern immer größer wurden, kam es am 21./22. Dezember 1934 in Uelsen (Grafschaft Bentheim) zu einem klein gehaltenen Treffen von Vertretern beider Richtungen, an dem auch der prominente Theologieprofessor Karl

Barth teilnahm. Als Vertreter des Landeskirchenrats fungierte der „Versöhner" C. O. Voget. Beide Seiten konnten sich schließlich auf eine fünf Punkte umfassende Erklärung einigen, dem sog. „Uelsener Protokoll"(2), das jedoch in der Folgezeit keine wirkliche kirchenpolitische Wirkung entfalten sollte.

Denn so wichtig und berechtigt zuweilen Kompromisse auch sein mögen, so haben sie doch nicht selten einen faden Beigeschmack und eine fatale Nebenwirkung: Ihre Aussagen und Formulierungen sind oftmals so allgemein gehalten, dass sie Spielraum für eigene, standortbedingte Auslegungen und Schlussfolgerungen lassen. So wohl auch hier bei dem „Uelsener Protokoll". Deren entscheidender Fehler war nach Meinung von Hermann Albert Hesse(3), dass Karl Barth „in dieser wichtigen Verhandlung mit den Vertretern von reformiert Hannover versäumt (hatte), die Negationen von Barmen gegenüber der Irrlehre zur Geltung kommen zu lassen und sich mit positiven Bekenntnis-Sätzen begnügte, die so ihre Entscheidungskraft verloren und reformiert Hannover gestatteten, während des ganzen Kirchenkampfes hinter einer schönen Bekenntnis-Deckung neutral zu bleiben".

Wie sein Schwager Heinrich Oltmann, so ist auch Carl Octavius Voget früh verstorben. Er war Ende 1935 von einer schweren Krankheit heimgesucht worden, der er schließlich am 9. September 1936 erlag. Oltmann bescheinigte Voget nach dessen Tod, dass er „das Wesen der mit dem Jahre 1933 einbrechenden Irrlehre und Gewalt ganz tief" erkannt habe, „wenn er wiederholt sagte: ‚Dahinter steht der leibhaftige Satan.'" Dennoch verhehlte Oltmann, der bekanntlich der Bekennenden Kirche angehörte, bei Vogets Beerdigung nicht, „dass wir beide in der Beurteilung des Weges, den wir heute im Dienst an der Kirche zu gehen haben, zeitweilig auseinandergingen. (…) Wir waren einig in der Beurteilung (…), dass die Kirche einem konzentrischen antichristlichen Angriff gegenüber steht (…), einig in der Beurteilung (…), dass sie (gemeint ist die Kirche) die Ordnungen Gottes verlassen hat (…), bei den Kirchenleitungen, die die Einfalt des bekennenden und praktisch handelnden Gehorsams gegen die Schrift so oft (haben) fehlen lassen, um durch kirchenpolitische Berechnungen, durch behördliche Zweckmäßigkeitserwägungen, durch Zurückschrecken vor den Göttern des Weltgeistes der Kirche eine Sicherung zu verschaffen, die doch keine Sicherung ist, weil der schlichte und praktische Gehorsam gegen das Wort des Herrn die einzige Sicherheit der Kirche ist. (…) Sein Ziel war die freie, d. h. die für das Evangelium freie Kirche in einem freien, d. h. für seinen gottgewiesenen Auftrag freien Staate. (…) Die Verschiedenheit der Erkenntnis zwischen uns ging um die Frage nach dem Wege, auf dem alle diese Anliegen (…) zu vertreten seien."

Ob Carl Octavius Voget, der – wie Hans-Georg Ulrichs angibt – in Nachrufen als „ein Mann von lauterster Gesinnung, reichster Begabung und ausgeprägter Eigenart" bezeichnet wurde, auch in den Folgejahren des Kirchenkampfes seine eher neutrale, auf Vermittlung und Ausgleich bedachte Position hätte durchhalten können und wollen, kann bezweifelt werden. Doch bleibt dies naturgemäß eine offene Frage.

* Weiteres zu Carl Octavius Voget siehe auch: Matthias Hilbert, „Ostfrieslands leidenschaftliche Pastoren. Sieben Pastorenporträts". Adlerstein Verlag/BoD 2021. ISBN: 978-3750427747

Anmerkungen

(1) Wie nicht wenige Pfarrer damals, so hatte auch Voget die Machtübernahme der Nationalsozialisten im Jahr 1933 zunächst begrüßt: „Freiheit und Brot, das waren die beiden unentbehrlichen Volksgüter, die wir von Hitler erhofften für uns und unsere Kinder und weshalb wir ihm unsere Stimme gaben."

(2) Das sog. „Uelsener Protokoll" vom 22.12.1934 beinhaltete folgende fünf Kernsätze:

1. Wir sind einig darin, dass das Leben der nach Gottes Wort reformierten Kirche allein im Gehorsam gegen den einen Herrn Jesus Christus, wie er uns in der Heiligen Schrift bezeugt ist, Grund und Bestand hat.

2. Wir sind einig darin, dass es der Evangelisch-reformierten Landeskirche von Hannover ihrem reformierten Bekenntnis entsprechend wesentlich notwendig ist, mit den anderen bekenntnisbestimmten und bekennenden evangelischen Kirchen Deutschlands gemeinsam zu glauben, zu lieben und zu hoffen.

3. Wir sind einig darin, dass sich der wirkliche Bekenntnisstand unserer reformierten Kirche nach Lehre und Ordnung in einer dem Bekenntnis der

Väter entsprechenden praktischen, insbesondere auch kirchenpolitischen Bekenntnishaltung beweisen und bewähren muss.

4. Wir sind einig darin, dass unsere reformierte Kirche mit den anderen reformierten Kirchen Deutschlands in der heutigen Lage aufgerufen ist, sich in Erkenntnis und Leben in neuer Demut und mit neuem Mut unter das erste Gebot und unter die erste Frage des Heidelberger Katechismus zu stellen.

5. Wir sind einig darin, dass die den Pastoren unserer reformierten Kirche aufgetragene Arbeit für das Bekenntnis entscheidend in der Richtung eines neuen Ernstnehmens ihrer Aufgabe als Prediger, Lehrer und Seelsorger und der Notwendigkeit gründlichen Studiums zu suchen ist.

Es fällt auf, dass die Aussagen doch recht allgemein gehalten und daher wenig konkret sind. Ganz anders, nämlich wesentlich schärfer und pointierter, war dagegen die auf der Bekenntnissynode in Barmen Ende Mai 1934 verabschiedete Theologische Erklärung formuliert. Ihre Feststellungen enthielten noch eine besondere Eindeutigkeit und Klarheit durch die jeder These beigefügten „Verwerfungsthese" („Wir verwerfen die falsche Lehre, als könne und dürfe …")

(3) Der 1877 in Weener geborene und durch die Erweckungsbewegung geprägte Hermann Albert Hesse hatte nach seinem Theologiestudium, das er als Lic. theol. abgeschlossen hatte, für kurze Zeit in Möhlenwarf als Hilfsprediger gedient. Es folgten Pfarrdienste in den reformierten Gemeinden Duisburg-Meiderich, Bremen und (seit 1916) Elberfeld, der damals größten reformierten Gemeinde in Deutschland. Hesse hatte zahlreiche Ämter inne. So leitete er das reformierte Predigerseminar in Elberfeld und war außerdem Dozent an der dortigen Theologischen Hochschule. Von 1918-1929 war er Schriftleiter der Reformierten Kirchenzeitung und seit 1934 Moderator des Reformierten Bundes. Durch seinen engen Kontakt zu Karl Barth führte ihn sein Weg in die Bekennende Kirche. Hermann A. Hesse, der jede Konzession der Kirche an den Staat ablehnte (und mit seiner radikalen, unnachgiebigen Haltung auch innerhalb der BK auf Widerspruch stieß), wurde Anfang Juni 1943 verhaftet und bis Mitte November 1943 im Barmer Polizeigefängnis gefangen gehalten. Anschließend kam er in das KZ in Dachau (bis 18. April 1944). 1957 ist Hesse gestorben.

Literatur- und Quellennachweis

Donker, Antje: Hermann Albert Hesse. BLO II. Aurich 1997, S. 156-158 oder
https://bibliothek.ostfriesischelandschaft.de/wp-content/uploads/sites/3/dateiarchiv/2238/
Hesse-Hermann-1877.pdf
Ulrichs, Hans-Georg: Carl Octavius Voget. BLO III, Aurich 2001, S. 416-419 oder
www.ostfriesischelandschaft.de>user_upload>BIBLiOTHEK>BLO>carl-octavius-voget
Ulrichs, Hans-Georg: Ein reformierter Charismatiker. Der Weg Carl Octavius Vogets zwischen
reformierter Tradition und pfingstlerischem Aufbruch. In: H.-G. Ulrichs: Reformierter
Protestantismus im 20. Jahrhundert. Göttingen 2018, S. 313-325 (s.a. S 383-405)
Paul Weßels: Nicht hoffnungslos, sondern handelnd. Heirich Oltmann (1892-1937). Ein
reformierter Pastor im Kirchenkampf. Wuppertal 2002, 32f u.a.a.S.

Zum Autor

Der in Gladbeck lebende Matthias Hilbert ist Lehrer i. R. mit Vokation in Evangelischer Religion. Sein Abitur hat er auf dem Ubbo-Emmius-Gymnasium in Leer/Ostfr. gemacht.

Folgende Bücher sind bisher von ihm erschienen:

„Hermann Hesse und sein Elternhaus – Zwischen Rebellion und Liebe" (Calwer)
„Fromme Eltern – unfromme Kinder? Lebensgeschichten großer Zweifler" (chrismon)
„Gottsucher. Dichter-Bekehrungen im 19. und 20. Jahrhundert. Zwölf Dichterporträts" (Steinmann)
„Gottfinder. Dichter-Bekehrungen durch die Jahrhunderte. Vierzehn Dichterporträts" (Steinmann)
„Unvergessene Pastoren und Evangelisten. Sechs Lebensbilder" (Adlerstein)
„Unvergessene Wuppertaler und oberbergische Glaubensboten. Zwölf Personenporträts" (CV Dillenburg)
„Ostfrieslands leidenschaftliche Pastoren. Sieben Pastorenporträts" (Adlerstein)
„Außergewöhnliche Glaubensboten in Ostfriesland. Vier Personenporträts: Liudger – Johannes a Lasco – Menno Simons – Karl Immer" (Adlerstein)

Ab Mai 2024: „Von Paul Gerhardt bis Manfred Siebald. 20 Lebensbilder alter und neuer Liederdichter" (CV Dillenburg)

Hier finden Sie weitere Bücher von Matthias Hilbert: